JN438402

광야의 씨앗

광야의 씨앗

조남익 시집

오늘의문학사

■ 머리글

나는 청개구리였고 청개구리처럼 운다. 청개구리는 풀이나 나무 위에 달라붙어 변하기 쉬운 몸 빛깔로 보호색을 만들어 살고, 울음주머니가 발달하여 비 오려고 할 때면 심하게 운다.

삶의 한 가운데서 세상을 바라보며 노래하는 자가 시인들이다. 그래서 시인은 청개구리와 같다. 개구리보다는 작고 귀여운 모습, 그는 일기에 예민하며 천문의 징조에 본능적으로 운다.

시인은 땅에서 땅을 보고, 또한 땅에서 하늘을 본다. 그러나 그것은 고급의 미적 취향이 잡힌 쾌감과 자율성의 원리에서 철학과 마찬가지로 근원에 근접해야 한다. 순진무구하고 무아지경의 본격적인 한국미학에 이르러야 한다.

나는 시적인 땅냄새를 맡고 땅과 하늘의 순도를 찾기 위해 지명들의 하수상한 이미지로부터 입문한다. 내 첫시집 『산바람 소리』에는 수고리水古里 북촌리北村里 비홍봉飛鴻峰 대사동大寺洞 등이 나온다. 제2시집 『풀피리』에서도 봉명리鳳鳴里 남촌리南村里 충청도忠淸道 등이 등장한다. 이들은 실제의 지명들이지만, 시에 채택된 것은 실재성이 아니라 이미지와의 근접이다.

가령 '水古里'는 나의 고향이었고, '北村里, 南村里'는 내가 실제로 산 곳이었지만, 내가 취한 것은 그 한자의 시적 감수성이었다. 나는 한국어와 한국적 자연이 낳은 청개구리였던 것이다.

제3시집 『나들이의 땅』에서는 백제 칠백의총 등 땅의 역사의식으로 기울어진다.

마침내 제4시집 『짐의 연가』는 배달나라 역사기행 시집이라는 부제를 달고 출간된다. 이 시집은 한민족 기원으로부터 삼국시대까지 이어진다.

이후 청개구리는 창공으로 시상을 넓혀간다. 제5시집 『하늘에 그리는 상형문자』를 비롯하여 『푸른 하늘』 『기다린 사람들이 온다』 『광야의 씨앗』 등 시집으로 청개구리의 천문이 이어졌다.

시는 마음 깊은 곳에 숨 쉬는 일이고, 영원한 세계로 들어가는 경지이다. 노자는 "인간은 땅의 법칙에 따르고, 땅은 하늘의 법칙에, 하늘은 도道의 법칙에, 도는 자연의 법칙에 따른다"고 했다. 땅과 하늘 사이에 태어난 사람의 무위이화無爲而化인 동시에 천도교에서 이르는 자존자율自存自律의 우주법칙과도 같은 맥락이라고 하겠다. 오, 시는 지령地靈과 성령聖靈이 천기天機에 도야할지로다.

벌써 40여년 전이지만, 시집 출간이 너무 어려운 때 6인시집 『청와집青蛙集』(한국시인협회, 1971)을 낸 적이 있다. '청개구리'란 이 시집의 이름은 한성기, 박용래 두 시인의 합의에서 나온 것으로 알고 있다. 막연히 『청록집青鹿集』(1946)과 비슷한 것이려니 했다. 나는 그때 30대 중반의 나이였다. 6인 중 위 두 분과 홍희표 시인은 별세했고, 뒤에 남은 분들도 연치들이 수월찮게 든 편이다.

나의 둥지 틀기는 아직 끝나지 않는다. 나는 청개구리와 함께 내 늦가을을 지내고 봄을 구하러 갈 것이다.

2012년 가을

보문산 밑에서 趙南翼

차 례

제2부

제3부

제4부

1부

조선 호박꽃

하늘로 가고픈 담장을 타고 넝쿨째 기어오르는
손바닥만한 잎사귀 사이 조선 호박꽃

호박꽃이 살짝 부끄러운 끼니 가난을 덜어 주었다.
호박꽃이 살짝 새댁의 웅덩이를 들어 올렸다.
호박꽃이 살짝 노란 황금의 겨자씨로 여름내 마을을 지켜 주었다.

(「문예운동」, 2011년 겨울호)

지구의 별

큰 별 작은 별
먼 별 가까운 별
사람이 별이다.

생명이 타고 있는 나의 불빛
어둔 밤의 가장 약한 등불이다.

별들이 태어나고 죽으며
거룩한 영원이 빛난다.
사람도 태어나고 죽으며
꿈꾸어 오는 영생

처음도 끝도 없는 구름의 벼랑 위에

태양을 도는 행성의 고유운동 타고
나의 생사는 영생을 윤회한다.

영원은 고독의 꽃잎 같은 것
가까이 하면 멀고
멀면 빛난다.

어찌 하늘에만 별 있으랴
사람이 별이다.

(「심상」, 2011년 10월호)

시의 밥

신선이 세 끼 밥 먹는다는 말
들어 봤어?
안 먹어도 먹는 밥 있지.

시 쓰면서
영약처럼 먹고픈 시의 밥
들어 봤어?
안 먹어도 먹는 밥 있지.

별들이 멍울멍울 매달려 사는
장엄한 시간의 아득한 무소유.

거기 나가 놀 제면
신선과 마주앉을 바둑이 있고
어쩌다가 떨어지는 밥 한 술로
시인이 어렵게 탄생한다.

아주 작은 벌레로 기어간
시 몇 줄의 사랑
시의 무소유에 시인은
흔적만을 겨우 남긴다.

시의 밥에 밤이슬이 내린다.

(「문학과 창작」, 2011년 봄호)

나는 쌀이다

비로소 투명한 눈과 밝은 귀 얻는다.

비로소 밥상에 이르러 한 톨의 빈손이다.

비로소 탄생과 성장에 떠오르는 구름이 된다.

비로소 호랑이 털에 작렬하는 아시아의 햇볕이다.

(「문학공간」, 2011년 11월호)

아이들

누군가를 닮았다는 아이와
아무도 닮지 않았다는 아이와

기는 아이와 걸음마 아이와
집집에 쨍하게 떠오르는 아이와

눈에 넣어도 안 아플 딸 아이와
왕자의 기품인 사내 아이와

눈 뜨는 웃음들의 작렬
멀리 하나로 가는 길이다.

작은 것, 큰 것 모두 소진되어도
역사의 사다리 타고 오르는 아이들

털 없는 원숭이의 또 다른 새벽녘
아이들은 지구의 끝을 꼬옥 빨고 있다.

지남침 하나 홀로 지축에 섰다.

(「한국시」, 2011년 2월호)

맨발의 성자*들

— 내 아우에게

빛과 땅을 받아 태어나고
하늘과 물로 나 살아가리

오랜 고향의 묵은 터에 자리잡아
착한 욕심만으로 살아가는 사람들

돈 안 잡히는 농사를 지어 먹으며
밤이면 TV 속의 현대문명을 보네

떵떵거리고 살면 뭐예요
수풀처럼 평범하게 사는 게 좋지

언제 밟아도 감촉어린 흙
생명의 요람을 흔드는 향기를 품었네

낙엽이 다시 새싹을 틔우고
세계의 큰 영혼에 눈 뜨네

아낌없이 주는 나무 저마다 키워
달려도 달려도 우리 맨발의 성자들

* 맨발의 성자 : 문명의 때가 묻지 않고 자연의 땅에 사는 성자와 같은 사람들

(「문학과 창작」, 2011년 봄호)

고구려 마을로 가서

저주의 땅에서 돌아오는 고향
무지개 길게 서며 마을을 온통 흥분시켰다.

북 치고 장구 치고
자지러진 꽹과리 소리에 날을 듯 머리칼 흔들렸다.

어저께까지도 혈투를 벌이던 형제들이 함께 오는 길
형제의 손은 따뜻했다.

세상에 이런 일도 다 있었다우
어쩌다가 문전옥답 물려받은 가난한 형제

논배미 물을 형은 서쪽으로 내려 하고
아우는 새롭게 동쪽으로 내자 한다.

참혹하게 갈라선 사람들
욕된 시대를 압류하다.

냉전의 물꼬 싸움은 끝났다.
우린, 이제 최초의 인간이고 싶다

많이 상하고 지친 몸
풍차 돌아가는 태백산맥 타고
고구려 마을로 가서 한숨들 자고 왔으면….

(「한국시」, 2011년 2월호)

마이산馬耳山에서

함정 속의 행복에 빠져 버렸다.
부부는

견고한 성채에 휘날리는 것 있다.
아이들

나 속이고 아내 울리는 머언 길이었다.
부부 사랑은.

어쩌다가 부부가 하필 말의 귀로 솟았을까.
마이산*은.

세상 위의 세상, 더 높은 곳 바라본다.
숫마이봉 암마이봉.

내 소시민은 아내의 귓속에 들어가 숨어 살았느니
아흐, 해로 50년

이제는 함정 속에서 빠져나올 때 되었느니
또 한 쌍의 마이산.

*마이산 : 전북 진안고원에 말귀 모양으로 솟아 있는 산. 서에 숫마이봉雄峰이 673m, 동에 암마이봉雌峰이 667m. 본래 담수호였는데, 약 7천만 년 전 지각변동으로 융기되어 지금의 마이산이 이루어진 것으로 본다.

(「문학공간」, 2010년 9월호)

거룩한 밥상

밥상에는 어머니의 젖이 유혹한다
젖 떼고 나면, 앵두빛 입맛에 숨었으니
밥상 앞에서 나는 언제나 왕이었지.
생존의 샘이 출렁거릴 때
내 명줄이 잡은 어머니의 젖
아무 부러움 없이 배부른 행복을 건넜다.
하루 세 번 받는 밥상
느티나무로 서고 바람 따라 손짓하건만
이제는 꿈길도 표정도 잃어버린 어머니.

아흐, 어머니의 빚
아니지, 처음부터 빚은 아예 없었던 게지
그러기에 여기는 물방울이 또옥똑 떨어지는 호흡의 나라

(「문학마당」, 2010년 가을호)

광야의 씨앗

눈 덮인 광야로 가서
무명의 몇 톨 씨앗으로 우리 잠들리
조상이 묻힌 땅
거기 또한 나 묻히리, 초목처럼
아닐세. 보이지 않는 진주처럼 파묻히리.
천 년이면 어떤가. 억 년이면 되겠는가.
순환의 계절이 오면, 우리 다시 피어나리.
은행나무 이파리로, 민들레 꽃자루로
하늘거리는 나비로도
바람 타고 흔들리며 피어나리.
어머니의 젖, 대지는 손짓한다.
고고학이 와서
우리 깨울 때까지 깊은 잠에 빠지리.

(「문학공간」, 2010년 9월호)

역사에 편히 잠들고 싶다

땅에 떨어뜨린 눈물 있어도
짠 소금기에 다시 주저앉진 않는다
사람의 마음에 박은 나의 가시 어찌 많지 않으랴
때로는 주저앉아 한숨 쉬며 용서를 빈다
역사에 잘못 찍은 펜 다 갖고 가슈
알면서도 저지르고
모르면서 앞장서 옥신각신한 잘못
부싯돌은 불이나 얻지
해질녘 나는 나를 잃어버렸다. 이 노을
놓쳐버린 수많은 꿈들을 다 갖고 가슈
아득한 어둠을 힘겹게 넘어가는 길
내 몸은 쌀 한 톨일세
백미도 좋지만 현미 더 좋으리
원시림의 깊은 이슬로
우린 모두 역사에 편히 잠들고 싶다.

(「심상」, 2011년 4월호)

아가의 탄생

홍안령산맥을 넘어오는
새까만 바람의 넋들

붉은 꽃잎이 머언 허공에
가느다란 몸 벌리고 있다

별들이 목욕하는 강을 건너면
바야흐로 점지하신 약속의 시간이다

전율에 눕자 터지는 섬광!

아무도 없는 나락의 끝
아가야, 너는 사뿐 저 높은 하늘나라에서 오고

언젠가, 다시 하늘나라로 돌아갈 우린 천손족天孫族이지
그래, 펄펄 뛰는 이 땅의 검푸른 잉어로 왔다. 아가야.

(「문학과 창작」, 2012년 여름호)

숲의 성자

한겨레의 영산 백두산에 봄이 오면, 낙엽송 가문비나무 전나무 사시나무 등의 온갖 원시림이 일제히 울창한 수해의 가슴 열고, 하늘을 향해 숨소리 다듬어 푸른 정기를 뿜어내네. 환웅천왕이 구름타고 내려온 곳. 보이기도 하고 안 보이기도 하는 반은 사람이요 반은 신이라, 한 발이나 되는 흰 수염을 펄럭이며 무리 삼천과 함께 하강할 적에 아무도 본 사람이 없건마는 반 만년 후손들의 눈에는 땅에 내려 이마를 숙여 절하고. 솟대를 세워 하늘에 제사 지내는 숲의 성자를 만나네.

일찍이 환인천제께서 지상을 내려다 보시고 환웅이 장차 다스릴 만한 곳을 살피실 때, 사철 흰 눈 덮힌 백두산에서도 기이하게 산정에 둘레가 12Km나 되는 천지호였네. 깊이가 312m 되는 천지호는 송화강 두만강 압록강의 발원지이며, 수온이 낮아 생물이 서식하지 못하는 청결한 물로 가득했네. 환웅천왕은 북동쪽의 비옥한 땅에 정착하여 신시를 열었고. 농경과 수렵을 장려하며 손수 숲을 헤쳐 호랑이 표범 곰 따위를 사냥했네.

단군왕검은 신단수의 숲에서 비로소 이목구비가 수려한 사람의 모습을 갖추고 태어나네. 웅녀가 아기를 낳고 스스로 아기의 응덩이를 찰싹 때리자, 반점이 찍히며 첫 울음이 터졌네. 한겨레가 세운 첫 국가였던 단군왕검의 고조선은 수천리 땅과 많은 부족마을로 된 평화와 번영이 있었고. 고조선의 짐승 가죽과 털옷은 중국과의 거래에서 최고 무역품이였네.

하늘과 구름과 웅장한 장백산맥의 산줄기들이 벌려선 여기 산에 비밀인 양 감추어진 천지호에, 변화무쌍한 안개가 잠시 걷히는 사이였네. 목욕을 마친 겨레의 국모 웅녀할미가 홀연 하늘로 돌아가는 모습이 떴네. 하얀 천으로 감싼 몸에 유유히 두 팔 저으며, 다리로는 허공을 박차는 모습이 아늑해라. 시중 드는 서넛 선녀들이 백조처럼 날개 펴며 좌우에서 날고 있었네. 백두산에 오랜 세월 두고 잠자며 숨쉬는 시간이 거기 깨어 날고 있었네. 선사시대가 서서히 걷히고 있었네.

나는 어디서 와서 어디로 가는 걸까. 천손족의 고향. 백두산에 머리두고 네 발 쭉 뻗어 누우면 내 한 몸과 꼭 맞는 한반도. 바로 나였어라. 백두대간에 내가 살고, 나에게는 백두대간이 들어와 섰음이라 토종종자 신토불이의 근원이네. 백두대간에서는 숲의 성자가 지금도 진달래의 꽃망울 터뜨리며, 성큼 바다를 불러 뜨악한 길을 사방으로 트고, 옛 땅에 말발굽 소리를 끊임없이 울리느니.

(「대전문학」, 2011년 겨울호)

도봉산에서

위태로운 화강암 하얀 산봉우리들의 다 감추지 못한 속살 때문에
도봉산은 밤마다 북한산 독수리에 젖가슴을 쪼아 먹힌다.

아무리 쪼아 먹혀도 아침이면 새살이 돋아나는 도봉산.

달려도 달려도 나의 발톱은 비어있는 허공의 길
꿈에서 날아다니는 갓난 아기가 여기까지 왔다.

아무리 늙은 신神의 신발이어도 영원의 문턱에 엎드리는 개미.

(「시와 표현」, 2011년 겨울호)

수평선

— 3행시초 1

바다가 염분을 품어 그의 균형을 길게 뻗치었다.

사람과 세상이 소금기를 머금고 머언 손 내민 곳

아득한 지상의 소금들이 줄지어 가고 있었다.

(「대전 PEN문학」 제19호, 2011년)

달걀

— 3행시초 2

장닭이 암탉을 꼴딱 올라타곤 내려왔다.

암탉이 부리로 먹이를 쪼아 먹이는 처마밑

달걀이 굴러가다가도 어딘가 서는 모가 있었다.

(「대전 PEN문학」 제19호, 2011년)

클라이맥스

— 3행시초 3

초목들이 죽고 나면 흙에 묻혀 깊은 잠 드는걸까

사람이 죽고 나선 성령들이 다 어디로 갔을까

대문 밖 저승은 꽃씨의 넋들이 핀 꽃동산. 더러는 날아다니고

(「대전문학」, 2012년 봄호)

늙은 소나무

— 3행시초 4

세상의 끝을 내다보며 곱게 늙은 사람들

경배하듯 나 믿고 나를 지킨 사람들

뒤틀리는 동물성 이기고 소나무처럼 늙은 사람들

(「대전문학」, 2012년 봄호)

2부

황금 햇살

아기가 울었다
울음이 헤쳐간 순리의 길로
황금 햇살이 확 터졌다.

땅에 태어난
나무도 짐승도 함께 온
아니지, 홀로 나는 날개의 눈부신 아침이다.

콩이야
팥이야
출렁이는 때
황금 햇살은

세상이 저만치 신기루였어도
고된 좌절은 오히려 물거품에서 빛났다.

나를 털고 가려는 벼랑의 숨박질에서
끝까지 따라붙은 황금 햇살의 짧은 능선

아흐, 잔혹한 불빛!
나의 침묵은 더 밝은 방이었다.

(「월간문학」, 2010년 11월호)

곡창지대의 바람

사람은 보이지 않고
광활한
푸른 곡창지대를 고속열차가 달린다.

오와 열이 반듯한 평야
벼 포기엔 모두 귀가 있나봐
온 몸을 쫑긋쫑긋 달싹거렸다.
멀리 지평선 향한 눈들이 있나봐
머리를 한껏 쳐들고 기웃기웃

아무리 먹고 마셔도 끝이 없을
풍요의 고향에 내가 빌어 쓴 노동의 빚
빚은 백만의 얼굴로 번득이며
이 여름 입맛내는 상쾌한 바람이 분다.

내 입술이 머금은 그대의 입술
누렇게 익어 갈 욕망의 꽃이 핀다.
보이지 않는 고리로 서로 묶인 채
한 시대가 떨어뜨리는 신음 던지고
곡창지대의 바람이 뛰어넘는 곡예비행을 본다.

살아있는 가치란 아득한 한 방울의
눈물.
나의 야생화엔 흙의 향기로 울어라.

(「문학마당」, 2010년 가을호)

황야에서

어머니의 품이 흙이라면
조국은 돌속에 박혀 있었다.

버리려도 버릴 수 없고
꺼내려도 꺼내지지 않는 돌

사방에 지천으로 있는 돌
으르렁치는 번개가 숨어 있는 돌

남과 북은 한 들이었다
돌 던져 돌 깨려는 사람들로
아니, 돌을 팔아먹는 사람들로

때 아닌 석전이 계속되는 황야에서

조국은 하나였다가, 둘이었다가
나도 둘이었다가, 하나였다가

아흐, 절망의 들판에서 뜯어먹는 풀빛!
피나는 눈망울의 조국이 사납게 울었다.

이윽고 백년의 석전이 끝나고 닫혔다.

(「시문학」, 2011년 3월호)

뒤웅박* 차고

열아홉 마지기
농부의 손
딸린 식구가 많았던 뒤웅박.

한 평생 봉급쟁이의
월급봉투
아이들을 키우며 살아온 뒤웅박.

위로 치고
아래로 쳐도
뒤웅박 차고 바람 잡는
삶은 지상의 뿌리에 곧잘 걸렸다.

쉴새없이 부는 풍속의 허공
뒤웅박에 실종된 한 사나이가 나온다.

그림자 짧게 깎은
작은 거인
사나이의 손에 물방울 같은 흰구름이 떨어진다.

* 뒤웅박 : 쪼개지 아니하고 구멍만 뚫어 속을 파낸 박. 이를 말린 것이 뒤웅박 바가지이다. 어리석고 둔한 모습의 상징이다.

(「대전문학」, 2011년 여름호)

시는 돈을 싫어한다

시의 분수에서 솟아오르는
하맑은 우주의 본성앞에
누구보다도 겸손하고픈 사람.

시는 돈을 싫어해
물신物神에게서 한눈 팔고 있는 사이
세상은 이미 그의 곁을 떠난다.

사막으로 가라
황폐한 역사의 땅에 귀 대고
하릴없이 시의 빚만 가득진 사람.

날 무디어지는 송곳 끝에
독수리가 채갈 뼈다귀 하나

부족해도 넉넉하다. 시인이
어찌 몸의 가난을 부끄러워 할소냐
물 싫어하는 난초의 꼿꼿한 모습이 섰다.

(「심상」, 2011년 4월호)

콩나물 일기

들에서 자란 키는 석자 석치
말발굽 소리 울린다.

산에서 자란 마음은 아홉자 아홉치
성인의 산상수훈山上垂訓이 있다.

표정없는 세상에
몸은 하나.

큰 머리와 기다란 몸끝의 뿌리로
기억상실증을 먹고 사는
가여운 콩나물 하나.

지구는 초만원 콩나물통이네!

그래도 달아나는 무지개를 타려고
머언 천리길을 줄지어 가는 사람들….

(「시문학」, 2011년 3월호)

개태사역開泰寺驛*

적멸은 세월을 낳고 세월은 바람을 낳고
개태사는 간이역 낳고 간이역은 상식을 낳고

시골 들판에 굴뚝 연기 묻은 긴 철로 이어졌고
닭머리 모양의 계룡산 두골이 기웃한다

간이역사 지붕엔 태초를 연 하얀 박꽃 혼자 논다
놀란 두어 송어는 열차 타고 사라진 잠자리 떼

아니지, 옛 백제 황산벌 싸움터의 지척이지
고려 태조, 후백제 멸망시키고 세운 국찰 개태사

개태사엔 지금도 둘레 9개의 초대형 주철 가마솥이
몸 식힌다

모두 털어내고 먼 길에 선 간이역의 푸른 시그널
닿을 듯 잡을 듯 쏜살같이 뒤좇는 열차의 넋이 핀다.

*개태사역 : 충남 논산시 연산면 천호리에 있는 개태사의 이름을 따온 역이다. 개태사는 고려 태조 왕건이 후백제를 멸망시킬 때, 이곳에서 길몽을 얻고 삼국통일을 이루었다 하여 건립된 국찰로 주민들은 개태사역을 '광석역'이라고도 한다. 오래 전부터 호남선의 아주 한산한 간이역 중 하나다.

(좋은세상 편「간이역 간다」굿 글로벌, 2011년)

통곡의 벽

아무도 꺼내어 말하지 않는다
비밀인 양 묻어두고 조용히
움켜쥔 잡초의 넋

피맺힌 태풍의 질주 타고
죽어있는 시간을 건너가면

흰 나비가 날아간다.

마침내 무너지고 또는 뛰어넘으며
우리 나라 사람이면
남몰래 지니고 사는
벽속의 통곡

오래 너무 억울해
작은 나라의 서러운 죄
성스러운 땅에 귀 열고
길게 울부짖어 치솟는 분수로다
통곡의 벽

(「문학공간」, 2011년 11월호)

낯익은 사람들

그래서야
되겠느냐고 걱정하는
낯익은 사람들이 있다.

고층 아파트로 들어가는 바람들이
발자욱이었다가 바닷물이었다가
조간신문에 자르르 번지는 나라

많이 가진 것 없고
특별한 욕망 같은 것 없지만
세상을 걱정하는 사람들 있다.

이 나라 선거바람 타고
때로는 꼬리에 꼬리를 물어
마침내 뒤집히는 장벽을 넘어

낯익은 사람이 낯익은 해를 만나고
구겨지고 또 펴지며
또 다른 낯익은 사람들이 온다.

낯익은 사람들이 와서는

어느새 나도 낯익은 사람이 된다.

(「시대문학」, 2012년 여름호)

길을 잃은 사람들

멀리 발해만에서부터 길을 잃은 사람들이
이제는 자신도 모를 길을 헤매고 다닌다.

움켜쥔 풀뿌리엔
팔보다 긴 콧수염이 너풀거린다.
짐승의 가죽을 지금도 즐겨 덮고 자는 사람들.

땅과 하늘
침묵이 깨지는
허공의 신음소리

그들만이 모여사는 마을 상공에
이 밤 일렬횡대로 드높이 날아가는 철새떼

누군가 선두 있었다.

머나먼 바다 위에
죄가 뜨고, 나침 방위 뜨고
파도를 타고 순식간에 출몰하는 길들의
끝
가여운 물거품 하나 가라앉을 그 나락으로 가면

멀리서 온 사람들이 황야를 느리게 가고 있었다.

(「문예비전」, 2011년 11~12월호)

고향 가서

쌀이 하하 웃으면
보리는 허허 웃었다
더구나 밀은 흐흐 웃었다

모처럼 고향 가서
논과 밭에 가득 피었을 옛 웃음들을
따라 웃지 못하고

난데없는 농촌의 적막에 놀라

어쩌겠나 털 없는
허수아비 하나 심어놓고 왔다

비어있는 땅
고조선의 노인이 내려와 논다.

(「딩아돌하」, 2011년 여름호)

갈대 소묘

곧고 단단한 갈대
속은 비어
멀리 노을 한 자락 잡고
빈 손에 노는 날개를 달았다.

뾰족한 상툿바람의
군락을 이루고
게딱지 만한 탱크에 숨은 의병들
겁이 많은 의병들이
하얗게 떨어뜨린 절망의
땅!

피는 뜨겁고
갈대는 적막에 흔들려서 아름답다.

(「문예비젼」, 2011년 11~12월호)

의병들의 빈 손에

나무들 곧게 자라는
땅의 힘은 어디 있을까.
숨어서 대지의 푸른 물결 품었을까.
때로는 땅의 힘이 병들고
나무가 뿌리째 썩기도 할 때
맨주먹으로
분연히 일어서는 의병들
죽창 들고 오고
큰 도끼 메고 나오고
도려내라. 아주 캐내라
꽉 잡아 다시 일으키는
땅의 정기, 의병

하늘에는 귀 있었다.
더러는 이물질 들어가 귀 막히고
아예 안 들리기도 하는 귀.
의병들의 빈 손에
매운 씨앗 쥐어 있었지.
목숨 걸고 그 귀 후벼냈지
하늘의 귀 또한
의병들의 함성

놓치지 않고 들었다.

번쩍 솔잎이 칼빛으로 빛난다
의병들의 빈 손에
넘칠 듯이 다시 달려오는 바다
평화였다가 칼날이었다가
천길이나 깊어지는 바다.
아흐, 우리 고향집에 가면 텃새 있지
푸드득 날아오르는 참새떼
아니, 아름다운 의병장 산꿩.

(「창조문예」, 2012년 7월호)

바다의 이빨

커다란 이빨이
바다를 한 입에 물고 있었다.
절해고도로 유배 온 옛 왕조의
빼어난 정치가 석학 그들의
아늑한 바다
이빨 사이로 해수 가득 드나들고
갈릴레이의 지구 돌고 있었다.
파도 오면 구름 뜨고
구름 가면 파도 오고
바람에 흔들리는 나뭇가지 가볍다.
그들이 지고 온 죄는 도무지 종적이 없고
한 줄기 유성으로 떨어진 이름들이
바다의 흰 이빨에 깊이 박혀있다.
멀리 층층 파도에 일세의 지성이 빛나며
만권의 서재가 두둥실 솟아오른다.
구름의 끝에 선 그들의 성숙
손톱에서 나비가 뜨며 날았다.
어느 날인가
바다의 이빨 뽑히고
유배지도 사라졌다. 그 황홀한
수평선을 향하여 길길이 달려 갔을 때

콜럼버스의 배는 마침내 공화국의 부두에 이르렀다.

(「해동문학」, 2012년 봄호)

뉴스의 그림자

빠른 발이 달린 뉴스를 타고
날마다 뉴스를 먹고 사는 사람들.

뉴스를 굶게 되는 날은 너무 허전해
어딘가 낯선 도랑물 건너 뛰는 것 같아

크든 작든 뉴스는 폭발하는 근성이 있어
사람들은 흥분과 불안을 기다리며 산다.

쓰레기 뉴스 버리고 신선한 뉴스를 찾아
높이 뜬 새의 깃털을 좇는 사람들

오랜 사필史筆의 저울대를 보며
상소문 쓸 듯이 꼼꼼히 따지는 뉴스의 그림자.

(「해동문학」, 2012년 봄호)

3부

유배지

나라의 죄에서 빠져나와
상투바람에 고의적삼을 입은 사내.

가시 울타리에 안치된 사내에겐
용도 폐기된 귀가 울었다.

물이랴. 아니면 돌이랴
사랑이 성숙해 간 정신의 꽃

모든 의관이 해체된 사내의
조그만 빈 무덤이 바다에 떠 있었다.

바람의 각시가 조는 오후 3시.

(「해동문학」, 2012년 봄호)

보리밭에 대하여

춘궁기의 보리꺼럭
이삭 줄기에 쭈뼛쭈뼛
날카롭다.

민란에 봉기한
민초들의
창끝

누우런
반역의 땅
보리밭

아서, 뿌리 움켜쥔 채
아예 땅에 파묻힌 혀
겨울을 나는 보리.

(「해동문학」, 2012년 봄호)

샛강에서

— 내 아우에게

칠공주나 되는 딸을 다 잘 키워 여의고
늙은 부부는 이제 샛강으로 내려옵니다.

능선에서 헤매다 산록에서 잃은 반지
지금은 새가 되어 모두 날아갔습니다.

소금이 쉴까, 내 아이가 다칠까
온 세상이 다 보일 듯한 낮은 숨소리

청죽의 맑고 곧은 빛 발그레 띄우며
칠공주는 저마다 샛강으로 내려갔습니다.

사람이 없기도 하고, 아니 많기도 하고
샛강에는 숨은 진주들이 바다를 물고 있었습니다.

(「창조문예」, 2012년 7월호)

돌아온 의자왕

중국 낙양의 망산에서 떠온 한 줌의 혼토
고란사 법당에 안치했다가 능산리 고분군으로 옮겨갔다.

은폐된 의자왕이 불쑥 나타났지만
그의 유골은 다시 깊은 잠에 빠지고

긴 세월의 끝에도 아물지 못하고
바늘과 송곳의 양날개로 우는 백제
백제는 여전히 비어있는 신들의 나라

여인의 치마깃에 풀들이 푸르렇다.

(「창조문학」, 2012년 봄호)

궁남지*에서

동물처럼 죽은 왕조가 있었다
개미만한 사람들이 쉴새없이 드나들었다
소나기들이 성큼성큼 지나갔다.

숨 쉬는 대지의 몸에
내 배꼽은 소나기의 시계

백마강 구비구비
탯줄을 잡듯
궁남지가 조그만 손바닥을 폈다.

지하에서 연꽃들이 다투어 솟아나와
울부짖는 침묵
아무도 없는 영원에서
내 혼은 깨지지 못한 조약돌 하나.

* 궁남지宮南池 : 부여읍 동남리 소재의 연못. 「삼국사기」에 의하면 백제 무왕 35년에 "궁궐 남쪽에 못을 파고 연못 가운데는 신선이 산다는 방장선산을 모방하여 섬을 만들었다"는 기록이 있다. 현재 복원하여 섬 위에 누각과 다리가 있고, 주위에는 광대한 연꽃이 조성되어 관광명소(서동공원)가 되어 있음.

(「한올문학」, 2012년 8월호)

소지燒紙를 올리며

소지에 낙동강 전선의 능선이 꺼진다
빈 벌판으로 쫓기는 바람의 넋들

소지에 어딘가 서 있는 사람 거기서 꺼진다
스물 네 살 문학청년의 숨은 발톱

전쟁의 거미줄에 걸리는 날파리떼
바야흐로 검은 폭풍우 그 여름 독장치다

폭포로 떨어졌다가 파문으로 남았다가
세상의 한결같은 조용한 저류 흐르는 곳

역사의 흰 수염은 어둠속에서 번득이고
이름없는 별들이 순식간에 소지에서 꺼진다.

(「문학시대」, 2012년 여름호)

소금

소금의 맛, 위로 갈수록 덜 난다
소금의 맛, 너무 뿌려도 울상이다

소금기의 생체 리듬 타고
출렁이는 사회의 거울

소금에 절인 배추

때로는 달아오르는 혁명정신
거기까진 용이히 가려하지 않는다

그래도 폭발물을 짊어지고 누군가는 온다.

(「심상」, 2011년 10월호)

능선

산은 기다리고 능선은 멀리 달려가고
능선 위에 붉은 해 솟아 올랐다.

시골 가면 장닭 같은 사람이 좋고
도시 가면 비둘기 모습이 많고

오랜 침묵의 고인돌을 열어가면
창세기 사람들이 수줍게 서 있고

벌거벗은 몸들, 완강한 근육질
조그만 반지에는 숨쉬는 사랑이 있고

나를 비우며 버리고 가는 길

빛과 시간 그 긴 능선에서
갸웃한 우수 한 자락 지긋이 밟혔다.

(「해동문학」, 2012년 봄호)

수박씨 세월

덩굴손으로 잡아오고
뙤약볕에 익어난
식물성의 부귀.

대지를 깨고 나온
붉은 수박
씨만 남기고
줄 것은 다 줍니다.

새까만 본능
수박씨 하나
그것조차 없어졌습니다.

텅 빈 공空
무소유에 잠든
깊고 깊은 만물의 근원

바야흐로 새까만 씨
그의 눈부신 세월과 함께
다시 영글어 갑니다.

(「대전 PEN문학」 제19호, 2011년)

바람의 고개

천 개 만 개 바람의 고개들이
꾸부러지며 꺾이며 서로 노여워 하며

때로는 질탕거리며
선악을 허투루 뒤섞어 놓으며

바람의 고개를 넘어가네.

지배없는 사회
세금을 내어
대통령을 심부름 시키며

근로하며
초목처럼 꿋꿋이 살며
한 씨앗으로 족히 남을 사람

우주의 먼 길을 갈 사람
한 줌의 유골로 존재를 뛰어 넘으며
슬픔처럼 뜨는 영혼을 홀로 건지리로다.

(「문예운동」, 2012년 가을호)

접시 비행기

초당 30만Km의 광속을 타는
먼 별나라 구경은 못 가더라도

조그만 나라에 쬐그만 사람들
민주주의를 혼자 자시는 사람
간덩이 부어 파쟁을 일삼는 사람
사람 사람 사람 병든 사자라.

소리도 안 나는 접시 비행기에
태양계의 행성에나 보내 주라지.

수성 금성 화성 목성 토성
천왕성 해왕성 명왕성

우주여행 싫건 다녀오시게
접시 비행기에 말없이 놓아보내 주라지.

(「창조문학」, 2012년 봄호)

바위의 귀

바위의 귀는 아직
밖으로 열리지 않은 미지의 귀
그 바위의 귀에는
우주가 가득 들어와 있다.
잘 보이는 과거보다는
전혀 보이지 않는 미래가
촘촘히 박힌 귀.

용암이 분출하고 풍화작용에 내던져진
오랜 흔적에 쫓기면서
더러는 폭력성의 무게로 폭발하면서
비밀의 귀는 숨어 있다.

백두산 산정에는
장구 모양의 화구호火口湖가 움푹 패여
깎아지른 낭떠러지의 처절한 그림자
바위의 귀 닫히고
겨레의 비밀이 숨어 있다.

언젠가 바위의 귀가 열리는 날은
동화 같은 세상이 모두 귓속으로 들어가고

바위가 고무풍선처럼 부풀었다가
반죽이 되면 수제비 뜨듯이
비로소 세찬 독수리로 환생하는 날.

만져도 만져지지 않는
바위의 귀
우주의 근본에는 목적이 없다.

(「문학과 창작」, 2012년 여름호)

유복자의 쇠북소리
— 서포 김만중

지 — 잉 지 — 잉 쇠북을 울려라
아무도 이르지 못할 깊은 곳까지

강화도가 함락된 병자호란
남문에 올라가 분신자결한
23세의 짧은 생애
김
익
겸

유복자로 태어난 정서 결핍증
화려한 명문세가의 후예였지만.

지 — 잉 지 — 잉 쇠북을 울려라
못다 한 생애의 먼 곳 향해

영혼을 위로하기 위한 효심
온 정성 기울인
대작 구운몽

부귀영화란 일장춘몽인 것을

2처 6첩 거느린 긴 꿈에서
아뿔싸, 우리 국문학의 새싹이 깨어났네.

(「창조문학」, 2012년 봄호)

다시 칠백의총

옥쇄로 맞서고
풀잎의 비밀이 묻힌 곳
죽음은 이제 아무것도 미워하지 않는다

깨어지기 쉬운 묘비명의 거울
춤추는 정신의 씨와 피가 묻어나
죽음이 아름다운 새가 되어 사라져 간다.

먹는 것을 하늘로 삼았다
민초들의 나라
달 오르면 온 마을이 천국되고
수백 년 묵은 느티나무에
벙긋한 조국의 꽃이 피는 나라

없는 듯
손바닥에
달팽이의 눈부신 길이 있었다.

해를 품고 앉은
칠백의총
잔디밭이 아직 이승의 그물 속에 졸고 있었다.

(「창조문예」, 2012년 7월호)

천국의 섬광

어느날
컹커엉
죽음을 물어갔다.

킹키잉
그리곤
아무 응답이 없었다.

영원한 백은이 덮인 곳
히말라야의 침묵이 눈을 뜨고

최고봉 에베레스트처럼
태초의 시간을 뚫고 나온
천국의 섬광!

멀리 돌고 도는
세상의 근원에서
착한 영혼들이 은하수를 건넜다.

나는 아직 땅에 사는 작은 풀잎이었다.

풀빛 눈물

눈물에 색깔 있었다.
작은 고추씨의
매운 눈물.

죽음이란 강의
절망을 건넜을 때
가장 모호한 진실이
분명해지는 경악

아내의 죽음에
술동이를 두 다리 안에 끼고 앉아
노래하는 사람
장
자

불혹 나이에
아직 남겨놓은
네 초록잔디 밟고

지상에 떨어뜨리는
나의 풀빛 눈물!

노래는 생자의 슬픔을 감싸 흐르고
망자는 하늘과 땅 사이의
큰 방에서 편안히 잠자고 있었다.

(「창조문학」, 2012년 봄호)

피바람과 우레

— 의병장 중봉重峯 조헌趙憲

조헌은 경기도 김포에서 태어나 10살 때 어머니를 여의고, 계모 슬하에서 자랐으나, 효성이 지극하였습니다. 일찍이 통진 현감을 지냈고, 나중에는 계모 봉양을 위해 충북 보은현감을 자청해 나갑니다. 그가 관직에서 물러나 옥천 안읍 밤티로 들어가 후율정사後栗精舍를 열고 교육과 학문에 전념하고 있을 때, 일본이 사신을 보내어 명나라 칠 길을 빌리라 하니 조정이 어찌할 바를 몰라 창황망조하고 있음을 듣고, 조헌은 분연히 상경하여 대궐문 밖에서 상소를 올리고 사신 목 벨 것과 침략대비의 강구를 사흘간 울부짖었습니다. 그의 옆에는 상소를 받아들이지 않는다면 자신의 목을 치라는 시퍼런 도끼가 있었습니다. 그것은 하늘의 북소리였습니다. 북은 일본의 야욕을 치며 울었습니다.

다음 해에 임진왜란이 폭발하매, 조헌은 문인 이우 김경백 전승업 등과 의병 1,600여명을 일으켜 영규의 승병과 함께 청주성을 수복합니다. 그러나 뒤따라 들어온 관군은 성안의 양곡을 모두 불태우고 성밖으로 철수했고, 또한 의병진도 해산을 종용했습니다.

관군은 처음부터 의병들의 전공만을 시기할 뿐 공세적인 전략이 전혀 없었습니다. 조헌은 가슴을 치며 분노했으나 어찌할 도리가 없었습니다.

조헌이 강제 해산당하고 남은 700의병을 이끌고 충남 금산에 이르자 그의 별장이 정세를 논하며 간곡히 일시 후퇴를 건의했습니다. 조헌은 그의 말을 모두 시인하고 눈물을 흘리면서 "상감이 지금 어디 계신가? 임금이 욕되면 신하는 죽는 것主辱臣死이니 오직 한번 죽음이 있을 따름이외다"라고 했습니다. 좌우가 크게 공명하고 다 함께 죽기를 다짐하였습니다. 그것은 피를 토할 듯한 의열義烈의 뜨거운 감동이었습니다.

왜적은 의병이 많지 않고, 후속부대가 없음을 탐지하고 8월 18일 아침 성문을 열고 나와 의병의 야영지를 기습하였습니다. 처음엔 세 번에 걸쳐 격퇴하였으나. 마침내 백병전이 되어 처참한 혈전이 벌어졌습니다. 중과부적으로 700의병이 모두 전사하였고, 조헌은 아들과 함께 장렬한 최후를 맞았습니다. 아들 완기는 아버지를 닮아 기골이 장대하고 성품과 도량이 절륜하였는데, 아버지를 대신하여 죽고자 관복을 화려하게 입어 오인하게 하였고, 나중에 적은 그 시체를 찢었습니다. 왜적도 엄청난 피해를 입어 울부짖는 소리가 끊이지 않았으며, 사흘 동안이나 시체를 쌓아놓고 뒷수습을 하였습니다. 우레는 땅과 하늘에 진동하였고, 피바람에 떠는 조국의 넋들을 거두었습니다.

군량을 확보하기 위해 전라도로 진격하려던 왜군은 고경명 부자가 순절한 달포 전의 제1차 금산전투, 그리고 조헌의 제2차 금산전투로 더 이상 견디지 못하고 영남으로 서둘러 퇴각하였습니다. 8월 22일 금산의 유림 민욱, 박정형 등에 의해 거룩한 죽음들을 거두어 연곤평 뒤에 한 구덩이를 파 합장하니 묘의 높이는 4자였고, 넓이는 30자였습니다. 1971년에 이르러 금산의 순절지 칠백의총이 성역화 됩니다. 그것은 이 땅에 평화의 씨앗을 다시 심는 일이었습니다. 그들은 대지의 영혼으로 잠들었습니다.

임진왜란의 피바람 속에서 49세를 일기로 순국한 조헌 의병장은 옥천으로 시신이 옮겨져 장례를 지냈습니다. 그의 묘는 옥천군 안남면 도농리에 있습니다. 조헌은 이이의 문인 중 가장 뛰어난 학자의 한 사람이었습니다. 이이의 기발이승일도설氣發理乘一途說을 옹호하였고, 그 자신 존재의 근원을 주기설主氣說에 둔 실천적 윤리의 생애를 장식하며, 일세의 장엄한 우레의 삶을 살았습니다. 그는 이제 피바람의 강을 건너 한 마리 흰 나비 되어 날고 있을 뿐입니다. 그것은 보이지 않는 또 하나 슬픔 같은 세계입니다. 우리는 거기서 와서 거기로 돌아갑니다. 그런데 그 곳으로 갔으면서도 이승에 빛나는 쌍무지개로 뜨는 이들 있으니, 그게 바로 중봉 조헌 의병장과 그 별들이었습니다.

그들은 지금도 살아 무엇을 휘어잡으려는 칡넝쿨의 손을 더듬거리고 있습니다.

(「창조문학」, 2012년 봄호)

4부

산꿩

아름다운 빛깔
긴 꼬리 달고
한껏 날았던 산꿩

목을 뽑고
먼 곳 향해 울어
비어있는 본적지
내 꿈을 울어

충청남도부여군세도면수고리산557번지

거기서 왔다가
다시 돌아가야 하는
내 꿈을 울어

나는 아직도 토종
적갈색 피부가 고운
산꿩

(1996)

충청도 · 7

풀이면 뜯고
넋이면 캐라

차라리 옥쇄로 남겨 논
가도 가도 허허로운
황산벌…

불은 이미 꺼지고
들릴 듯 사라지는
바람이 분다

여인의 노래 같은
그리고 흐느낌 같은
바람 속

새파란 눈매
땅 위 일천리에
초생달이 떴다

우리 시골집
오줌통에 빠진

초생달이 떴다.

(1974)

소나무에 대하여·5

숯이로다
아예 숯으로 남은 백골들의
만인의총萬人義塚*
호남 함성 무너지고
짓밟힌 뼈에 전율했던 영원

잔디
대명천지에 금잔디
해묵은 세월 파묻고
뿌리 내린
소나무 그때처럼 서 있고,

숯이로다
썩지 않는 숯
깡마른 땅에 열기 돌 때면
언제든 활활 달아오른 숯불이여
겨레의 깊숙한 심장 숨어 우는 곳

역사의 강에
곡선으로 떨어진 시간이 잠자고 있었다.

* 만인의총萬人義塚 : 전북 남원에 있는 무덤. 조선 선조 30년(1597) 정유재란 때 왜군 11만 대군을 맞아 결사적으로 항전하다가 중과부적으로 남원성이 함락되고, 학살된 군·관·민의 수는 만여 명에 달했는데, 이를 보존하여 오고 있는 것이 만인의총이다.

(2000)

한울님과 웅녀

한울님*께서는 웅녀에게로 오셔서 그의 두 눈을 가만히 들여다 보았습니다.

쑥 한 줌과 마늘 스무 쪽의 靈藥영약만으로 석 달 열흘의 苦行고행을 이겨 왔던 그의 눈동자는 이제 화사한 수정처럼 맑게 빛나고 있었습니다. 그것은 호수와 같았습니다. 바탕도 사방도 없고 푸르게 텅 비어 하염없이 기다리는 그릇이었습니다.

〈네가 어찌 또 왔느냐?〉

한울님께서 물으시니

〈……〉

웅녀는 고개를 떨군 채 수줍은 듯 말이 없었습니다. 드높은 박달나무의 울창한 숲에는 달빛이 쏟아져 반짝이고, 머언 별 두어 개 숨어서 지켜보고 있었습니다.

〈어제도 그제도 왔었잖느냐? 웅녀야〉

한울님께서 답답한 듯 그의 곁에서 물러서려고 했습니다. 그러자 웅녀는

〈한울님, 이 몸에 天孫천손의 聖靈성령이 내려지시이다〉

이 말을 겨우 하고는 흐느껴 울기 시작했습니다. 불빛 같은 경악이 번쩍하곤 지나갔습니다.

이윽고 웅녀가 울음을 그쳤을 때, 한 사나이가 웅녀 앞에 서 있었습니다. 이목구비가 수려한 사나이의 몸은 너무도 눈부셔 차마 정시할 수 없었습니다. 사나이가 웅녀의 손목을 잡고, 이

마에 입술을 찍으니, 웅녀의 몸은 쑥과 마늘 냄새가 걷히면서 더워지기 시작했고, 요염한 불꽃이 사나이를 사로잡았습니다.

한밝산* 둘레 3천부락에 새벽이 오고 있었습니다.

* 한울 : '한울'의 '한'은 '큰', '울'은 '우리'의 준말로, '큰 나·온 세상'이라는 뜻. 우주의 본체를 가리키는 말. 하늘. 대종교에서는 고대 동방민족의 원시신앙을 체계화하여 조화신造化神 환인桓因, 교화신敎化神 환웅桓雄, 치화신治化神 환검桓儉의 3위일체 곧 '한울님'을 신앙의 대상으로 하고 있다.

* 한밝산 : 太白山·백두산

(1983)

광개토왕비廣開土王碑

나는 이슬이었고 물방울이었고 구슬이었고
나는 애기였고 164㎝의 어눌한 시인이었고
부나비로 할딱거리는 양 불빛 은은한 창에 달려가 부딪치고 떨어지고
다시 올라 엉겨붙고 불면 꺼질까, 쥐면 터질까, 불면 날까, 쥐면 꺼질까 당신 앞에 섭니다.

아닙니다. 나는 바람이었고 서리였고 번개였고
나는 금강 물 위에 떨어진 갈잎입니다.
처음 사꼬오(酒勾景信) 중위가 탁본해 온 碑文비문 1,800여자 그것은 이슬도 갈잎도 아니었지요. 이를테면 꿈을 깼어도 1천 5백년이나 되는 잠을 깬 고구려의 거대한 얼굴이 거기 있었지요.

일본 명치유신의 사학자 요꼬이(橫井忠直)의, 간 마사또모(管政友), 그들이 그걸 어떻게 해석하고 변조해서 한일합방을 일본 역사의 복원으로 어떻게 합리화시켰는지 우리는 모릅니다. 나는 이슬이었고 물방울이었고 구슬이었으므로, 그들도 또한 바람이었고 서리였고 번개였으므로.

그러나 나는 역사의 범죄 앞에 서 있습니다. 풍우에 눈먼 1

천 5백 년 흥망의 왕조는 몇 번인가 지나갔지만 그 다물은 입속에서 배달겨레는 웅대한 숨을 쉬고 있었음을 보았습니다. 내가 이슬이었고 갈잎이었으므로 나는 피어나면서 또는 죽으면서 그것을 볼 수 있었습니다.

(1989)

울부짖는 돌

권력이 권력을 깨고
사람이 사람을 깨고

채석장 돌산에서는
돌이 돌을 깨고 나오고,

가장 깊은 뜻
한 방울의 물처럼
뽀얀 입김 피어나도록

가도가도 이 세상의 끝
울부짖는 돌
울부짖음 깨고 나오고,

내가 베어문 돌
긴 인고의 불꽃
울부짖는 돌.

(2006)

지하수는 살아있다

그들은 몸으로 말하고 몸으로 대답한다.
밤이면 서로 몸 섞어 안고 잠든다.

지하 10km까지
설령 시추한다 하여도
조금 떠오를 뿐 숨어 우는 민중의 바다
그들은 말하지 않아도 모두 알아채고 있다.
말하지 않는 것이 그들 한마음의 그릇이다.

그들에게 분열이란 처음부터 없었다.
삼국시대니 남북한시대는 아예 없었다.

지하수는 살아있다.
국토 속에서 핏줄처럼 흐른다.
한그루 청정한 나무의 수액으로도
흐르는 지하수

낙뢰 맞아 썩은 고목의 어둠 너머에서
먼동이 트는 새벽을
기다린 사람들이 온다.

(2008)

참나무 숲

참나무 숲속은 울창한 장졸들이 하늘을 찌를 듯 발돋움하고 팔 벌리어 섰네. 단단한 결로 각반을 감은 늘씬한 다리가 즐비하고 하늘은 안 보이네. 상수리나무 갈참나무 굴참나무 물참나무 졸참나무 떡갈나무 신갈나무 등 참나무의 나라에 5월이면 꽃 피어나기도 하지만, 피 끓는 그들의 몸은 땅이 좁다고, 땅이 척박해 살 수 없다고, 뿌리 뻗어 가다가도 철통 같은 몸 흔들어 자유의 멍에를 절거덕 끌고 가는 신음소리 내며 노호하네.

참나무는 울어도 땅속에서 우네. 이 땅의 오랜 혼이 묻힌 땅속에, 나무나 사람이나 죽으면 돌아가는 땅속에, 육신은 썩어 흙이 되고 신기루로 남은 혼이 잠자는 땅속에, 그들의 큰 뜻은 아직 살아 있어라. 귀걸이 코걸이로 동네방네 떠돌 적에 썩은 새끼로 범이라도 잡을 듯 우쭐댈 적에, 참나무의 혼은 비행기도 안 타고 곧장 죽순인 양 솟아 나왔네. 활 잘 쏘는 주몽이, 천신만고 대조영이, 백의 종군 이순신, 의기남아들이 참나무 숲에서 태어난다네.

참나무 숲에 들면 왼통 무인의 기백이네. 소나무가 문신이라면 참나무는 무신의 힘을 뽐내며 땅속으로부터 한반도를 출렁이게 하네. 나는 아무도 모를 야생의 씨앗을 타고 얼마나 출렁거리며 영원히 젊은 신들의 눈에 숨어 있었을까. 나는 벌레였을까. 풀꽃이었을까. 익어가는 사과의 향기는 휘발성의 영묘한 정기이듯 둥지없는 나의 작은 새는 얼마나 눈 맞추려 자연의 섭리에 흐느꼈을까. 깊은 산에 자생하는 박달나무로 올라 갔다가, 신단수 아래 신시에서 기웃거리다가, 홍시로 떨어졌다가 마침내 보름달, 어딘가 한 사발의 보리밥이 익은 보름달.

누가 무어라 해도 숯이네, 참숯. 사람이 한 평생 살다 죽고 나면, 어떤 모습일까. 초개일까. 숯일까. 불 붙이면 벌겋게 타오르며 생전의 가치를 뜨겁게 태우는 숯. 지금 얼마나 많은 참숯이 세상을 밝게 비추며 달구고 있는가. 나는 밤이면 야성의 숲으로 가서 몸 젖어 온다네. 숯이 숲에서 자라고, 숲이 숯을 만드네. 나라의 태몽이 저 백두산 천지에서 날아오면, 어느 곳인가 강보에 싸인 아기의 숨소리가 향기로운 종을 치는 참나무 숲.

(2008)

어젯밤 꿈에는 따오기가 와서

어젯밤 꿈에는 따오기가 와서 붉은 개구리 한 마리를 잡아다가 땅 위에 메어꽂고는 원통형에 밑으로 굽은 부리로 사정없이 쪼아대니, 그건 개구리가 아니라, 갓난 아기의 처참한 모습이었습니다. 그러나, 죽은 듯이 있었던 피투성이 아기가 어느새 아장아장 걷기 시작합니다. 이번에는 따오기가 놀라 멈칫 뒤로 물러섰습니다. 씻은 듯이 고운 아기가 방싯방싯 웃으며 나에게로 손 벌려 옵니다.

나는 아기를 안고(오, 그 귀엽고 가벼운 몸이여), 먼 길을 갑니다. 내 고향 부여 백마강에 웬 목선들이 가득했어요. 배의 수미가 바싹 올라간 큼악한 나막신 모양의 배가, 어떤 것은 돛을 가득 올려놓았는가 하면, 어떤 것은 닻을 내리고 한가로이 물살에 떠 있습니다. 중의적삼 입은 야무진 사내들이 짐을 어깨에 지고 쉴새없이 배에 오르내리고 있었습니다. 그래, 여기가 구드래 나루터지. 낙화암 조금 못 미친 곳, 지금은 舊校里구교리라 부르지만 옛 日本일본이 백제의 호칭으로도 사용할 정도로 호황을 누렸던 久陁羅구다라가 바로 여기지.

그래요, 백제는 무역이 성행한 해양국가였습니다. 百濟백제란 이름도 해상국가를 상징하는 百家濟海백가제해에서 왔어요. 일본의 北九洲북구주 방면은 물론, 중국 南北朝남북조 시대에는 양자강

하구의 좌우 기슭에도 스스로 稱藩칭번하고는 무역구역을 열었다는 거예요.

근초고왕 말엽인 370년 경에 백제는 南下남하하는 고구려 세력을 배후에서 견제하기 위해 고구려 후방인 遼西요서로 진출, 발해만을 들어갑니다. 백제 망한 후 요서의 百濟郡 太守백제군 태수 扶餘崇부여숭은 조국을 잃고, 이리저리 방황하다가 축멸되어 이역만리에 떠도는 원혼이 되고 맙니다. 그러나 중국의 正史정사에 기록된 이 백제의 遼西經略요서경략은 三國史記삼국사기에 써 있지 않고,

또 바다를 건너간 역사의 맥락이 찾아지지 않는다 하여 전면 부인되어 오고 있습니다.

오, 나는 아기를 꼭 안았습니다. 향그런 젖내나는 아기는 새근새근 잠들어 있습니다. 나는 그 영혼을 그윽히 바라봅니다. 남의 역사를 자기들의 史書列傳사서열전에 끼어 넣기 좋아하는 중국의 支配史觀지배사관, 그러다 보니 韓民族史한민족사가 왜곡 기술되고, 또 中國史중국사로 둔갑한 것은 얼마나 많으리요. 그런데도 백제의 遼西經略은 오히려 거꾸로 되어 있으니, 어리둥절하지 않을 수 없었습니다.

나는 나를 아직 찾지 못하였습니다. 요즈음 뿌리찾기 운동이란 말을 종종 듣습니다만, 우리의 족보들을 보면 많은 성씨들이 그 시조를 중국인으로 하고 있답니다. 중국의 黃帝황제라든가, 백제를 멸망시킨 唐將당장 蘇定方소정방의 부장 아모개가 귀화해서 시조가 되었다든가 — 등 여러 가지입니다. 우리의 姓성이 중국식인 것은 어쩔 수 없다 하더라도, 후세에 중국인을 시조로 떼어다 붙인 것은 해도 너무한 모화사상의 흔적 같거든요.

둥둥 북을 울려라. 한 치 앞 못 내다보고, 迷妄미망에서 태어나 미망으로 죽는 인간의 어리석음 덮으며, 다시 움 날 이 땅의 희망을 위해 우리 모두 둥둥 북을 울려라

나는 예쁜 아기를 안고 먼길을 갑니다. 구드래 나루터 지나 낙화암에 오르니, 백제의 진혼곡이 성난 물결을 곤두세워 놓곤 울부짖고 있었습니다. 나는 넋 잃고 그것을 내려다 봅니다. 갑자기 등뒤에서 따옥따옥 소리가 나 뒤돌아보니, 따오기가 검은 부리를 한 자는 벌려 놓고 나를 노려봅니다. 나는 놀라 뒷걸음 치다가 아, 천길 절벽으로 떨어지면서 소스라쳐 잠이 깨고 맙니다. 혼몽한 가운데 정신이 들면서 내가 안고 있던 아기가 실은 李夕湖이석호 부여문화원장이 언젠가 내게 준 백제의 瓦當와당

한 쪽이었다는 생각이 들자, 나는 다시 현실의 꿈속으로 빠져 들고 말았습니다.

(1989)

지상의 가을에

산은 산에서
꿈을 꿉니다

사랑은 사람에게서
한 송이 꽃이 됩니다

아주 멀리
천분의 한 실오라기 끝에
지상의 낮과 밤 흐르고

나는 씨 없는 열매가 되겠습니다.

얼굴 없는 꽃잎들
만리장성에 쌓입니다.

아무도 없는 면벽面壁 속으로
나 아닌 나 사라져 갑니다.

(2006)

장시

역사는 큰 물에서 논다

제1화 바깥마당

역사의 부표가 떠돌아 다닌다
기억과 인식의 끈도 숨어 다닌다.
그것들을 쓰레기로 거둘 수 있을지라도
꿰뚫는 정신은 언제든 현재의 역사로 온다.

1천여 년 전 신라 최후의 왕
나 김부는 여기 호곡한다.

경북 상주 아자개의 아들 견훤은 표범이었다.
주악 울리며 연회 즐기던 경주 포석정에서
표범의 습격 받아 어이없게 생포된 경애왕
신라 말기의 창백한 수말이었다.

표범은 수말을 자살케 한다.
왕궁을 마음대로 유린하고 약탈과 방화
표범은 나 김부를 왕으로 세워놓고 철수한다.

꼭두각시 놀음
나의 들판에는 참새도 얼씬거리지 않았다.

고려 왕건의 인망은 날로 높아갔다.
발해의 세자 대광현은 수만명 이끌고 고려로 오고
전란의 땅에 창공은 오히려 맑았다.

나는 벼랑끝 양심의 까마귀가 된다.
그건 거대한 초승달이었다.

왕위에 오른지 9년
왕권은 알몸을 드러낸다. 나는 생인손을 앓았다.
태자의 만류 뿌리치고 군신회의 열린다.
"한번 싸워보지도 않고 천 년 사직을
어찌 남에게 내준단 말씀입니까!"

"들으라, 하늘의 뜻이 이미 정해졌거늘
무고한 백성들을 전쟁으로 몰아 죽고 상케 할 순 없다.
본래 큰 지혜는 여유있고 한가로우나
작은 지혜는 사소하게 따지는 것이니
더 이상 따지고 논하지 말라
나 김부는 고려에 항복, 사직을 부치고자 한다"

아무도 없는데 무섭고 몸이 떨렸다.

강물이 뗏목을 띄우고 왔다.

군신이 함께 큰 소리로 울었다.
마의태자는 혼자 개골산으로 들어가
죄인 자처하며 베옷 입고
풀뿌리와 나무껍질로 여생을 마쳤다.

고려 왕건은 멀리 삼십리 밖까지 나와
신라의 군신들을 영접하니 온땅에 화기 어렸다.
딸 낙랑공주를 아내로 내리고, 경주를 식읍으로 주었다.
경주의 사심관에 임명, 사심관제도의 시초를 열었다.

어찌 내 일신의 보전을 취했으랴.
순천順天의 법칙을 헤아렸을 뿐이다.

맏아들 신검은 부친 표범을 금산사에 가두고
스스로 왕이 된다. 그의 발톱은 표범의 것이었다.
표범은 탈출해서 고려에 투항하고
아들의 토벌을 요청, 후백제가 멸망되었다.
호남평야에 가을이 익어가는 9월이었다.

표범은 왕건이 신검과 그 신하들을 우대하는 것 보고
분에 못이겨 황산사에서 등창으로 죽는다.

제2화 안마당

고려 태조 왕건의 후삼국 통일 후
1천 년의 주름살이 펴지며 지나갔다.
그리고 1945년 미국과 소련에 의한
38선 분할의 남북한 정권 탄생!
국제정치 타고 남북분단의 벽이 너무 높았다.

표범은 내내 북한에서 살았다.
항일 빨치산의 영웅 김일성은 희한한 신화
개인숭배의 우상이 되어 북한을 다스렸다.
미구에 동족상잔의 비극 한국전쟁은
200만의 엄청난 인명을 살상하고 전국토를 초토화했다.

나는 15세의 농촌 소년이었다.
형들은 의용군으로 징발되고 집엔 내가 남았다.
맏형은 지금도 돌아오지 않는다.
유복자로 태어난 조카는 회갑이 넘었다.

나라에서 아무것도 해준 것 없는 시대에
어머니의 한은 지하에 묻혀 있다.

인명 살상은 정규전에만 있는 것이 아니었다.
처음 적치하에 들자 자치치안대 생겨나고
피에 굶주린 인민재판이 벌어진다.
반동분자 성토하며 희생된 3명의 시골유지

수복 후엔 빨갱이를 잡는 보복으로
전국 곳곳에 피바람이 지나갔다.
아무도 깊은 상처를 위로해 주지 못했다.

감옥에서는 문이 열리고 닫히며 수백명씩 학살당했다.
내 처남되시는 분은 김천형무소에서 사라졌고
외아들 잃은 장모님의 넋은 지하에서도 잠들지 못한다.
아흐, 전쟁이 또 나면 이런 일 반복될 것 아닌가

인간의 폭력성은 전시가 따로 없다. 북한은
총끝의 부메랑되어 돌아온 깡패정권의 유혹에 빠지고
급기야 3대 세습의 왕조가 된다.

30여년의 군사 문화를 거친 남한 사회는
피투성이의 민주주의 덫에서 살아남는다.
그리고 빠른 경제성장의 번영을 타고
기적과 같은 초일류의 세계화에 이른다.

북한이 불량국가로 낙인 찍힌
미국 패권의 굴레 속에
안보까지도 무임승차되는 한국의 지분 있었다.

한민족 생명의 의식에 도덕적 담론 흐른다.
분열하며 합류하며 용솟음치는 지하수
정의는 민족생존의 기반이었다.
무성한 고목숲 가득 안고 반짝이는 햇빛이었다.

탄생하고 성장하고 노쇠하고 사멸하는
역사의 순류와 때로는 그 역류와
역사 가치의 한 줄기 불빛 보며

대낮에 꿈꾸는 몽환자
가장 어리석은 소년의 조그만 주먹이 있다.
영원히 늙지않는 소년의 주먹이다.

꽃뱀처럼 튀는 한 조각 무지개 파편이면
사회의 허위 조금씩 벗겨지리라.
요람을 흔드는 손이여, 어서오라.

꼭지를 떼라
선택받은 1%의 제주도 씨수말은
사랑의 교배로 가는 통일의 봄을 맞는다.
입으로 통일을 외치는 자들이 오히려 훼방꾼 될라.

핵을 가진 호랑이
굶주린 짐승의 핵이 너무 잔혹하다.
누가 전쟁 세력인가, 미끄러지는 나라
피하고 또 피하고픈 재앙
전쟁.

북은 우리의 일부이면서 또한 그들이었다.
내려올 사다리를 잃어버린
남과 북의 체제 경쟁은 끝났다.

어찌 이리도 불신과 반목이 깊어졌는가
공산주의는 이미 쌀이 아니었다.

큰 배는 깊은 바다를 요구한다.

제3화 예언 마당

서울 광화문에 높이 솟은
칼 짚고 서 있는 이순신 장군의 동상과
온화한 세종대왕의 좌상
북에서는 50m 높이의 김일성 동상
병사봉 사적지에는 대서사시 기록의 붉은 대리석 50m

성삼문의 낙락장송이 입 벌리고 물었다.
"내 충절은 지금도 유효한가?"
성분을 따지는 계급투쟁의 혁명 예봉
정치도구화한 평등에 대한 오류는 위대했다.

정복한 양반이 정복당한 노비와 평민에게 정복당한다.
양반만이 족보 만들 수 있었다. 노비와 평민은
성도 제대로 가질 수 없었다.
전 인구의 70%가 무산근로대중
19세기부터 그들의 족보위조가 성행했다.

남조선, 남한도 아니고 남조선

구한말 나라 망해가는 즈음에
증산甑山 강일순姜一淳은 증산교의 창시자요 일세의 기인이었다.
그의 대도법大道法 도참에 이르기를

만국이 살아갈 계획이 남조선에 있으니
청풍과 명월이 금산 아래에 있도다.
문명이 개화된 나라가 3천이요
도술과 운통이 구만리로다
— 萬國活計 南朝鮮
　清風明月 金山下
　文明開化 三千國
　道術運通 九萬里

증산은 기적과 성훈聖訓을 행하고
천지개벽의 주를 자처한다.
수운 최제우도 그의 용담유사에서 개벽을 언급했다.

한 시대의 추이를 감지하는 통찰
예언 아니 도참
세계 속의 남조선, 남조선 속의 세계
민족의 예각이 진화론적으로 폭발하는 한국

이미 100여 년 전의 예언
"북한 동포를 살려내고 통일하는 것은 남조선밖에 없다"고

한반도를 더러운 전쟁터로 만들지 말라
북한은 민주화의 큰길로 나서라
3대 세습은 엎질러진 물이다.

남녘에서는 기술과 자본이 있고
북녘에서는 인력과 자원이 풍부한 땅
북한 인구는 남한 인구의 절반이 채 안 된다.
수백만 명의 해외 동포에까지
투표권이 주어지는 남한의 선거 구도
국운융성의 개벽은 기다린다.

북한의 수뇌부가 먼저 통일의 길로
민족 앞에 속죄해야 한다.
한국전쟁의 원죄에서 자유롭지 못한 그들
장미에는 아픈 가시 있었다. 그들도
국지전은 일으켜도 전면전은 절대 부담이었다.
한민족을 또다시 능욕할 수 없기 때문이다.

망명의 유혹에 물들지 말라
선불리 외세를 끌어오지도 말라
4월 혁명에 망명했던 이승만 대통령
결국 고국에 돌아와 백골 묻히고 말았다.

가장 어리석은 소년의 마음
땅속의 씨밤되어 살아있다.
마침내 신라 경순왕이 겨레 수호신의 지팡이 짚고
조금은 노여운 눈빛으로 걸어 나온다.

숯불처럼 이글이글 타는 눈빛
천년을 관류한 정기의 불꽃
광야의 씨앗을 뿌려라.

"들으라, 지는 자는 이기는 영광 반드시 있고
양보하는 마음 먼저 승리하는 길 있다.
진실을 가장 잘 알고 있는 북한의 수뇌부들
어느 것이 민족을 위하는 것인지 너무 잘 알 것이다.
미리 손해 보는 것이 이익이다. 상생의 길로
겸허히 민족 앞에 귀순하라.
거룩한 하얀 국화 한 송이 들고 오라."

말씀 끝나자 지팡이 툭툭 두드리니 순식간에
푸른 연기 뿜어나오며 불꽃이 일었다.
잠깐 사이, 경순왕은 홀연 간 곳이 없었다.

경순왕의 부활은 큰 복음으로 퍼져 갔다.
외세에 의한 남북분단의 처참한 잔해
겨레의 멍든 가슴은 저마다 수세미 씹고 살았다.
이윽고 비무장 지대 녹슨 철조망 위로
하얗게 달려오는 해오라기 떼
고의적삼 입은 백의민족 눈물 서리며
큰 물에서 노는 역사
장엄한 군무 하늘을 가득 덮는다.

어느 녀석은 꿔이꿔이 서럽게 울고
어느 녀석은 온몸을 흔들며 괴로워한다.
저 멀리 한쪽에서는 까마귀 섞여 있다.
까치도 있다.
그도 어느새 고니로 탈바꿈해 날아온다.

휴전선은 있어도 마음의 국경이 없는 겨레
누구도 쇠사슬로 묶을 수 없는 민족원형

5천년 이어온 한민족의 고향이 다가온다.

나는 우리 국토의 얼이어라, 초목이어라
마음의 깨달음 열고 통일의 길에 섰다.
자유와 민주의 땅에 용솟음치는 창조의 에너지를
풀잎 이슬처럼 나 적셔 울고 싶어라.

통일의 첨병 탈북자 사태를 맞으며
강대국들의 패권 그물을 뚫고 솟아오른
남북통일!
한민족의 제2의 해방, 눈부신 부활
만물이 유전하듯 역사도 변화한다.

악몽의 시간이 너무 길었다.
진실은 언제나 치명적이었던가
겨레의 대장간에서 혼은 스스로 단련되라.
천손족의 탯줄에 흐르는 신화의 불
절망을 딛고 일어서는 도덕적인 용기여.

떨어지려면 떨어져라. 또 깨뜨려라
여명의 새벽은 온갖 어둠 물리친다.

새는 묵은 세상의 알을 깨고 나온다.
한 시대 저물고 들풀처럼 뒤덮는 새 시대 온다.

(「문학저널」, 2011년 3월호)

향토적 정신주의와 혼魂

— 나의 시작편력詩作遍歷

1

내게 시란 무엇이었던 것일까.

아무리 보아도 시란 학문이 아니었고, 인격도 아니었으며 더구나 경제도 아니었다. 언제나 늦가을 홀로 매달린 홍시紅柿처럼 절실한 무엇을 주면서 존재했을 뿐이었다.

사실 시는 내게 아무것도 아닐 수 있었다. 그런가 하면 내 생애의 모든 것일 수도 있었다. 나는 그렇게 시와 더불어 한 평생을 함께 했다.

시는 무엇일까?

지금까지 여러 가지로 설명되어 왔고 앞으로도 여러 모로 설명할 수 있겠지만, 시가 예민한 정신감응精神感應의 장치에 있음은 분명할 것이다. 다만 그 정신감응이 언어로 표현되고 그 표현의 질質에 의하여 사람들에게 감상되거나 감동을 준다는 사실이다. 예술의 본질과 목적 그리고 가치 등은 모두 여기서 비롯되고 있다.

> 시를 하나의 방울에 비유할 수 있을지 모른다. 방울은 보통 구형球形이고 속은 비어 있는데 거기엔 모래알이나 쇠로 된 구슬을 넣어서 흔들면 소리를 내게 되어 있다. 그 소리

> 는 천차만별이라 할 수 있다. 은방울, 금방울, 쇠방울처럼
> 시에는 동시, 시조, 정형시, 자유시 등 여러 형태가 있다.

시는 방울처럼 감성적인 자극에 예민하며 울림이 있다. 일반적으로 시의 주제는 매우 본질적인 문제에 반응하여 경우에 따라서는 울부짖으며 노호하기도 한다. 방울은 언제나 혼자가 아닌 소리를 낸다. 그 속에는 많은 소리가 숨어 있는 것 같으며 적어도 어떤 민의民意의 대변자 노릇을 하고자 한다.

방울이 장난감이나 장식용으로도 쓰이는 것처럼 시도 본래가 '놀이'에서 시작되었다. 시의 '언어 유희'는 지금도 시의 중요한 기능의 하나임에 틀림없다.

나는 '시의 방울'을 달고 다니는 한 마리의 고양이인지도 모른다. 나는 고양이처럼 때로는 불온不穩하였고 때로는 낮게 응시凝視하면서 시에 바싹 다가간다. 그러면서 짐짓 베개를 높이 하여 편히 누운 고와高臥의 경지를 즐긴다. 고양이가 달걀을 굴리듯 나는 천상천하 '시의 방울'을 흔들 수 있었다.

내가 처음 시에다 물어본 것은 인간의 원초적인 존재성이라 할 수 있다. 내가 내 의식으로부터 독립하여 외계에 객관적으로 실재하는 그 본체론本體論을 시로 써보고 싶었던 것이다. 나는 자연에서 왔고 또 자연으로 돌아가야 하였으므로.

나는 지금까지 2005년 현재 6권의 시집을 상재했다. 『산바람 소리』(1969), 『풀피리』(1976), 『나들이의 땅』(1983), 『짐朕의 연가』(1994), 『하늘에 그리는 상형문자』(1998), 『푸른 하늘』(2004) 등이 그것인데 작품 편수로는 모두 300편이 되는 것 같다.

나의 추천과정은 〈현대문학〉(申石艸 추천)에서 〈水古里〉(65. 6) 〈北村里 打令〉(65. 9), 〈산바람 소리〉(66. 2) 등 3편인데 비교적 호평을 받은 편이라 할 수 있었다.

배우지 아니 하고도 스스로 깨달아 안다는 '생이지지生而知之'라는 말이 있거니와 특히 시인은 타고 난다는 생득관념生得觀念이 없지 않다. 시인을 둘러싼 자연환경으로부터 시대적 배경 등 그 인과율因果律의 결과로 보는 것이다.

추천작품을 비롯한 나의 초기 시는 생태적 환경의 영향을 부정하기가 어렵다. 지금은 버스가 다니고 도로도 정비되어 있는 편이지만 내가 성장할 때의 내 고향은 20리, 30리 등의 길을 보통 걸어다녀야 하는 오지였다. 나는 거기서 태어나 다감한 청소년 시절을 보냈다.

자연환경이란 누가 무어라 해도 사람이나 물질의 모두가 본디 성질인 본성의 세계이다. 타고난 성질로, 천성 그것의 세계인 것이다.

시가 사물의 본성을 투시하고 교감한다는 것은 자연스런 과정인 것이며 순수시의 본령이 거기 있었다. 말하자면 사무사思無邪의 경지가 거기 있으며 순수시의 오랜 연륜이 배어 있는 곳이기도 했다.

시인은 감성의 물을 마시며 스스로 도취하는 자일지 모른다. 그는 스스로 도취함으로써 그의 체험이나 의지를 어느 정도까지는 밀어버리고 재조직하는 생명력을 이끌어 낸다. 시는 황홀하면서 또한 광기狂氣가 있는 것이므로.

누구나 그렇지만 나는 이 땅의 토박이였다. 본토박이란 자기네 고유의 사상이나 의식을 우선하는 개념이다. 이 땅의 고유

문화는 한국인의 고향이며 민족문화의 본체라 할 수 있다. 고유문화는 편협하지 아니 한 정통의 시각과 맑은 혼의 새 창조가 절실한 것이라 할 수 있다. 시가 이런 '원초 경험'으로 나아갔을 때 갈등이나 대립보다는 광활한 소요逍遙가 있을 수 있으며, 자연과 신의 묵시黙示에 귀 기울일 수도 있다. 사실 자연이란 시대를 초월하여 존재하는 인류의 보금자리였다. 거기엔 안식과 명상이 숨쉬는 곳이기도 했다.

하늘과 땅 사이에
새끼로 낳았다가 짐승으로 커났다가
자욱한 민초民草로 뿌리를 내렸다가

물소리에 바람소리에
살아온 열 두 허물을 벗고
돌로나 죄그만 돌로나 잠을 깰까나

— 「돌로나 잠을 깰까나」 1, 2연

나의 초기시를 대표하는 이런 시는 시가 하나의 지적 산물이면서 정신지향의 은은한 향기를 풍길 수 있을 때 거기 시의 에스프리가 밸 수 있음을 보인 것이라고 하겠다. 순수시의 푸른 여울은 좌절과 부조리의 현실을 형이상학의 초감각적 세계로 이끌게 되는 것인데, 초경험적인 시의 날개가 빛나는 매력이라 할 수 있다.

산골 오지에 한 소년이 있었다. 그 소년은 하늘과 땅, 나무와 숲, 밭과 논의 자연환경에서 태초의 정서적 샘물을 깊숙이 적시며 별 하나를 품었다. 별은 침묵이었다. 그 소년은 외계外

界로부터 이 땅에 떨어진 토착민의 혼이었고 원초적 정신 고향의 동자꽃이었다.

나는 나이를 먹고 살지만 그것들은 나이를 먹는 적이 없었다.

2

첫시집 이후 제2시집 『풀피리』 시기로 접어들면서 나의 시는 「땅의 한恨」을 냄새맡기 시작한다. 지금까지 시에 내가 쓴 지명, 이를테면 '水古里', '北村里' 등은 '땅의 한'이기보다는 오히려 자연 속의 안주와 그 영생의 삶이라 할 수 있었다. 시는 고결한 운치를 향했고 정신적 행복이 충족되어 있었다.

충청남도 부여군 세도면 수고리 557번지.

이 나의 본적지에는 항아리 속 같은 곳에 백제의 넋이 침묵되어 있었다. 깊은 산골에 천 년 묵은 백제성이 굽어보는 곳 — 백제 도성을 지키는 최대 외성外城인 성흥산성聖興山城은 자나깨나 지척에서 멸망의 화신처럼 침묵일 뿐이었다.

멀리 감돌아 흐르는 금강 그리고 강마을과 같은 부여읍의 오층탑, 부소산, 낙화암 등의 백제 유적은 소년을 이미 사로잡은 지 오래였다.

천 년 영화의 경주가 가슴 뿌듯한 문화의 꽃으로서 평화와 자부심을 심어준다면, 부여는 잔인한 패망의 역사 때문에 옛부터 시인들의 심금을 흔들었다. 더구나 외세까지 곁들인 패망의 역사는 지금도 우리는 물론 일본에까지 그 파장이 멈추지 않고 있는 터이다. 일본 최고의 사서史書인 「일본서기」, 「고사기」

등에 담긴 그 왜곡된 반한反韓의 정체는 무엇인가. 이를 편찬한 백제 유민들의 원한과 그 죄악의 씨앗을 추적할 수 있을 것이다.

시가 가장 주관적인 산물이라는 것은 시의 생명수가 시인의 체험과 함께 하고 있음을 뜻한다. 시인의 지적 사고를 뒷받침하는 교양이나 전문지식이 모두 시의 당분이 될 수 있지만, 시는 여전히 정서적 등가물等價物이라 하는 것은 이런 뜻에서 이해된다.

나는 역사가 사서보다는 땅에 더 깊숙이 배어 있음을 몸서리쳤다. 책에서 읽는 것도 중요하지만 문화유적의 현장을 본다든지 또는 역사적 인물의 묘소 같은 데서 느끼는 것은 아주 직접적이라 할 수 있다.

나는 '땅의 한'을 냄새 맡으며 이 땅의 지정학적인 조건에 대해서도 절망해야 했다. 내 시의 수평선은 흔들리고 있었다.

자연 속의 운치를 숨쉬던 내 시는 땅의 지뢰밭으로 굴러간 셈이다. 제2시집 『풀피리』에 실린 연작시 〈충청도〉, 제3시집 「나들이의 땅」에 보이는 역사의식이 조명된 일련의 시편들은 모두 이런 배경에서 창작된 것이라 할 수 있다.

나의 이런 진척은 제4시집 「짐朕의 연가」(배달나라 역사기행 시집)를 엮기에 이른다. 서정시에 갇혀 있던 나는 '국사의 정사正史 쪽에서 취재한다는 조금은 실험적인 시각'을 가지고 사서로 뛰어든 셈이다. 실제로 나는 10여 년간 적지 않은 사서를 읽으며 시를 썼다.

내가 여행한 광막한 역사의 숲은 멀고도 황량하였습니다.

> 우리 민족의 기원을 이루는 겨레의 고향은 이미 '무화無化의 대지大地'로서 그 명멸明滅의 흔적조차 꺼진지 오랜, 초월의 세계에 있었던 것입니다. 그러나 나는 그것들이 나의 근원으로서 내 심장 속에서 끊임없이 고동치고 있으며 나의 본질로서 손짓하고 있음을 부인할 수 없었습니다. 오히려 나는 내 핏속에 흐르는 넋의 흐느낌에 더 많이 공감하고 감동받지 않을 수 없었습니다.
>
> — 시집 『짐의 연가』 책머리에서

이 시집은 민족의 기원으로부터 삼국시대에까지 이르는 역사가 소재로 되었다. 그러나 백제 시편이 작품도 많은 편이고 의욕적이었다고 할 수 있었다. '땅의 한'의 진원지가 바로 백제였기 때문이다. 백제는 이미 나에게 허기와 갈증의 생명감정으로 솟아올랐다고 할 수 있었다.

나의 '역사기행' 시편은 서정시 쪽에서 보면 일종의 외도라 할 수 있는 것이었다. 거기엔 좋든 나쁘든 민족주의 또는 민족정신이라는 이념이 개입되게 되어 있었다. 그러나 나는 영역의 발견과 확장을 통하여 시의 새로운 개척을 시도한 것이 사실이었다.

역사에 관한 것 또는 역사의 입장에서 보는 것 등의 역사의식이란 시의 경우, 접근하기가 그리 용이한 것일 수 없다. 특히 이념은 '미학적 구도를 잡으려는 예술의식'과 곳곳에서 충돌이 일어나곤 했던 것이다. 나는 외로웠고 땀을 많이 흘리고 있었다.

제5시집 『하늘에 그리는 상형문자』에 와서 나는 큰 짐을 벗은 듯 '역사기행시'와 떨어져 일반 서정시 쪽으로 시력을 잡을 수 있었다. 나는 가벼워졌고 자유로웠으나 시를 안일하게 보려는 면도 없지 않았다. 일종의 정신적 공허가 온 셈이었다.

시인의 정신편력精神遍歷이란 여러 가지로 설명할 수 있을 것이다. 어떤 시인은 평생을 외곬으로만 일관한 경우가 있는가 하면, 어떤 시인은 다양한 변화를 보이는 경우도 있다. 나의 경우는 '역사기행시'가 있지만 이 또한 이 땅의 역사에서 취재한 것이므로 조금만 큰 틀에서 보면 모두 '향토적 정신주의와 혼'으로 묶을 수 있을 것이다.

시는 시인의 혈흔血痕처럼 어떤 이미지 또는 흔적이 묻어나게 되어 있고 그것의 언어적 질이 문학성을 좌우한다고 할 수 있다. 말하자면 무르익은 인생론이 배어 있을수록 시의 깊이를 함께 할 수 있음이다.

시는 심장이 뛰되 입김이었을 뿐이요, 투명한 지성이 빛나고 있지만 아주 서툰 눌변訥辯으로 표현되는 수가 있다. 시의 표현은 언제나 최고의 경제성 원리에 있기 때문이다.

제6시집 『푸른 하늘』로 넘어오면서 나는 경쾌한 역동적 이미지에 의한 시의 기법을 의도하게 된다. 그것은 초기 시와의 대단원을 잇는 종합적인 의미가 있었다. 시의 상식성과 정체성을 극복하기 위해서는 시의 쇄신을 도모하지 않을 수 없었다.

제6시집에 와서 내 시의 민족정신은 연작시 〈조선신朝鮮神〉, 〈소나무에 대하여〉, 〈난蘭〉에 관한 대화〉 등 구체적 사물로 옮겨간다. 사실 조선·소나무·난 등은 이 땅의 지조요 또한 정신을 나타내는 것들이라 할 수 있다.

배달나라 역사 기행시로부터 뻗어온 나의 민족정신은 한국인의 향토적 신화神話를 구현해 보고픈 것일 수 있었다. 이 땅을 지탱하고 있는 정신의 뿌리가 거기 있기 때문이다.

사관史官처럼
멀찌감치 서 있다

조선왕조실록
888책 1천 800여 권 속
사관들의 머리카락 뒤에서
숨바꼭질하고 있다

사초史草 감추고 엎드려
피 토하듯 나직이 아뢰었지
— 전하, 사관 위에는 하늘이 있소이다

달려간다, 조랑마차 하나
채찍으로 심금 때리며
퉁방울눈 번득인다

눈보라 치는데
낙랑장송 네댓 그루
슬픈 예언자 모습을 하고
축축 늘어져 걸어오는데

광활한 수평선 넘어
우레처럼 무너지는 왕조王朝
승냥이 한 마리
순식간에 불타고 없다

—「소나무에 대하여·3」 전문

꿋꿋한 소나무의 이미지와 사초史草를 다루는 사관의 이미지가 오버랩되며 정예의 정신이 만난다. 그것은 빛의 승화라고 할 수 있다.

'향토성·향토색'이라고 할 때 그 지방 특유의 기후, 풍속, 기품 등의 특색을 떠 올린다. 나는 충청도의 정취나 풍속을 민속적으로 다루려는 의도는 처음부터 없었다. 다만 이곳의 백제의식이나 역사의식에 한해서만 시의 뿌리를 내렸다고 할 수 있다.

3

이성교李姓敎 시인은 최근 그의 '전통 정서와 역사의식으로 꽃피운 큰 詩'(조선문학. 2005. 5)에서 "조남익 시인은 한평생 좋은 시를 쓰기 위하여 넓은 의미의 고향 충청도를 떠나지 않았다. 충청도의 짙은 색깔, 내음을 노래했기 때문에 그를 한마디로 충청도의 시인이라 할 수 있다"고 했다.

그런가 하면 '향수의 미학(송재영)'이니 또는 '혼魂은 조남익 시의 내밀한 공간을 채우는 가장 긴장된 정신이다. 이 혼의 울림을 얻고자 조남익은 일생을 시인으로 살아왔다(송기섭)' 등의 기술이 있다.

시 정신은 나를 절실하게 관류하는 것일수록 정체성과 진실성을 함께 얻을 것이다. 나는 그것을 내 자신에서 구한 바 되었는데 곧 나의 고향이라고 하겠다. 그러나 나는 평생을 두고 그 자력磁力을 극복하지 못했던 것이니, 이것이 내 시의 한계라면 한계라고 할 것이다.

이제 나는 시의 자유에 깃들어 훨훨 날아보고 싶다.

(「해동문학」, 2005년 겨울호)

대지적 상상력과 상고적(尙古的) 이상
—조남익 시집 『광야의 씨앗』에 대하여

이은봉(시인, 광주대학교 문창과 교수)

숯불처럼 이글이글 타는 눈빛
천년을 관류한 정기의 불꽃
광야의 씨앗을 뿌려라

—「역사는 큰물에서 논다」 부분

1. 대지적 상상력

조남익의 시는 기본적으로 대지적 상상력에 기초해 있다. 이 때의 대지적 상상력은 역사의 내포를 거느릴 뿐만 아니라 자연의 이미지를 토대로 하고 있어 두루 관심을 끈다. 이러한 의미를 갖는 대지적 상상력을 바탕으로 하는 가운데 나날의 삶과 관련한 저 자신의 꿈과 소망을 담아내고 있는 것이 그의 시이다. 그의 시가 오늘의 현실보다는 과거의 현실과 함께 하는 상념이나 사물을 매개로 해 서정의 화폭을 펼쳐내는 것도 이와 무관하지 않다. 대지적 상상력이 본래 시원의 상상력이기도 하고, 원초의 상상력이기도 하다는 점을 기억하지 않으면 안 된다. 바로 이러한 점에서도 그의 시에서 대지적 상상력은 인간의 근원적인 삶에 닿아 있다. 이러한 의미를 갖는 그의 시의 대지적 상상력은 우선 숲의 이미지를 통해 드러난다.

> 한겨레의 영산 백두산에 봄이 오면, 낙엽송 가문비나무 전나무 사시나무 등의 온갖 원시림이 일제히 울창한 수해의 가슴 열고, 하늘을 향해 숨소리 다듬어 푸른 정기를 뿜어내네. 환웅천왕이 구름타고 내려온 곳. 보이기도 하고 안 보이기도 하는 반은 사람이요 반은 신이라.
>
> —「숲의 성자」 부분

이 시에 따르면 "낙엽송 가문비나무 전나무 사시나무 등의 온갖 원시림이 일제히 울창한 수해의 가슴"을 여는 것이 백두산이다. 이러한 특징을 갖는 백두산에서 독자가 대지적 상상력을 발견하기는 별로 어렵지 않다. 대지적 상상력은 본래 숲의 이미지, 나아가 산의 이미지와 함께 하기 마련이다. 그의 시의 대지적 상상력은 산을 노래하는 시, 곧 도봉산, 북한산, 계룡산 등을 노래하는 시에서도 확인이 된다는 뜻이다. "도봉산은 밤마다 북한산 독수리에 젖가슴을 쪼아 먹힌다. //아무리 쪼아 먹혀도 아침이면 새살이 돋아나는 도봉산"(「도봉산에서」) 등의 구절에서 그의 시의 대지적 상상력을 발견하기는 별로 어렵지 않다. 이러한 뜻에서의 대지적 상상력은 백두산을 노래하고 있는 그의 또 다른 시에서도 익히 찾아볼 수 있다.

> 바위의 귀는 아직
> 밖으로 열리지 않은 미지의 귀
> 그 바위의 귀에는
> 우주가 가득 들어와 있다.
>
> —「바위의 귀」 부분

이 시에서는 대지적 상상력이 우주적 상상력과도 통한다. "백두산 산정"의 "바위의 귀"에 "가득 들어와 있"는 것이 우주이기 때문이다. 이 시의 이어지는 부분에 따르면 "백두산 산정"의 "바위의 귀"에는 "겨레의 비밀"이 숨어 있기도 하다. 이로 미루어 보면 "백두산 산정"의 "바위의 귀"에 들어 있는 우주는 "겨레의 비밀"이기도 하다. 그가 보기에는 겨레의 정기가 우주의 정기에 닿아 있는 것이다.

이와 관련해 더욱 주목이 되는 것은 그의 시의 대지적 상상력과, 그로부터 비롯되는 자연의 이미지가 자주 역사에 대한 반성과 성찰을 촉발하고 있다는 점이다. 말하자면 대지적 상상력과 함께 하는 자연의 이미지의 경우 자주 역사를 추동하는 다양한 에너지와 연결되어 있다는 것이다. 이를테면 "나무들 곧게 자라는 /땅의 힘은 어디 있을까. /숨어서 대지의 푸른 물결 품었을까. /때로는 땅의 힘이 병들고 /나무가 뿌리째 썩기도 할 때 /맨주먹으로 /분연히 일어서는 의병들"(「의병들의 빈 손에」)이라고 노래하고 있는 것이 그의 시에서의 대지적 상상력이라는 뜻이다.

2. 상고적(尙古的) 이상(理想)

이들 대지적 상상력에서 비롯되는 그의 시는 좀 더 커다란 정신의 흐름에 닿아 있어 관심을 끈다. '상고적(尙古的) 이상(理想)'이 다름 아닌 그것이다. 신동엽의 시로부터 영향을 받았을 것으로 보이는 이 커다란 정신의 흐름은 그의 시정신의 근원으로 존재하며 거듭 변주되고 있어 더욱 주목이 된다. '상고적 이상'이라고 하는 그의 시정신은 그가 태어나 지금까지 살아온 고향의 정신, 곧 충청도의 정신, 나아가 백제의 정신이기도 해 좀 더 주의를 요한다. 여기서 말하는 고향의 정신, 곧 충청도의 정신, 나아가 백제의 정신은 궁극적으로 이 땅 한반도의 정신에 닿아 있어 두루 의미를 갖는다. 구체적인 작품에서 이는 애국의식에 기초한 민족, 민중의 정신으로 구현되는 경우도 없지 않아 자못 관심을 끌지만 말이다.

상고적(尙古的) 이상(理想)이라고 할 때의 상고(尙古)는 『논어』의 공자의 정신에서 비롯된다. 공자의 상고주의(尙古主義)는 본래 중국 역사의 출발기에 해당하는 요순우탕(堯舜禹湯) 문무주공(文武周公)의 치세에 대한 동경을 담고 있다. 좀 더 구체적으로 말하면 주공(周公)이 무왕(武王)을 도와 문물을 완성하던 주(周)나라 초기에 대한 향수를 담고 있는 것이 공자의 상고주의(尙古主義)라고 할 수 있다. 하지만 그의 시에서 상고의 대상은 멀리는 백제나 고구려, 가깝게는 조선으로 설정되어 있는 경우가 대부분이다. 뿐만 아니라 그의 시에서 백제나 고구려, 조선 등 옛것에 대한 그리움은 토착적이고 애국적인 것과 깊이 연결되어 있다. 이때의 '토착적이고 애국적인 것'이라는 말은 '민족적이고 민중적인 것'을 포괄하고 있어 그의 역사의식을 짐작케 해준다. 이는 무엇보다 그의 시가 지니고 있는 예언적 지성을 알 수 있게 해주거니와, 신라의 마지막 왕 김부나 후백제의 처음 왕 견훤으로부터 민족통일을 이룰 수 있는 광야의 씨앗을 발견하고 있는 점이 그 구체적인 예이다. 그가 자신의 시에서 "큰 지혜는 여유 있고 한가로우나 /작은 지혜는 사소하게 따지는 것이니 /더 이상 따지고 논하지 말라 /나 김부는 고려에 항복, 사직을 부치고자 한다"(장시「역사는 큰물에서 논다」)라고 노래하고 있는 것도 그의 이러한 역사의식의 표현이다.

그의 시에 드러나 있는 상고적 경향은 "긴 세월의 끝에도 아물지 못하고 /바늘과 송곳의 양 날개로 우는 백제 /백제는 여전히 비어 있는 신들의 나라"(「돌아온 의자왕」)와 같은 구절을 통해서도 잘 알 수 있다. 이들 구절을 통해 알 수 있는 상고적 상상력은 기본적으로 애국정신, 곧 조국애와 함께 한다. 그의 나라사랑의 정신은 그의 시의 "오래 너무 억울해 /작은 나라의 서러운 죄"(「통곡의 벽」)와 같은 구절에 의해서도 두루 증명이 된다. 그의 시와 함께 하고 있는 상고적 이상은 이처럼 면면한 역사로부터 비롯되는 우리 민족의 오늘과 내일에 대한 걱정과 우려를 담고 있다. 따라서 그의 시에서 민족적인 것들이 토착적인 것들로, 나아가 고향의 것들로 변주되어 드러나는 것은 매우 자연스러운 일이다.

고향은 본래 고향에서 떠나온 자들의 것이다. 고향에 대한 그리움은 고향에 남아 있는 사람들에게는 일어나지 않기 마련이다. 고향이 항용 인간이라는 특징을 갖게 되면서 마음속에 간직하게 되는 근원적 대상을 상징하는 것은 바로 이 때문이다. 지금은 있지 않은 존재, 그리하여 끊임없이 향수를 불러일으키는 어머니 대지 같은 존재가 고향이라는 것이다. 시인 조남익이 떠나온 지 이미 오래인 자신의 고향 부여군 세도면 수고리와 아직도 정서적으로 깊이 얽혀 있는 것도 이와 무관하지 않다. 그의 마음에서는 늘 "아름다운 빛깔 /긴 꼬리 달고 /한껏 날았던 산꿩"이 "목을 뽑고" 우는 곳이 고향, 즉 "비어 있는 본적지"인 것이다.

아름다운 빛깔
긴 꼬리 달고
한껏 날았던 산꿩

목을 뽑고
먼 곳 향해 울어
비어 있는 본적지
내 꿈을 울어

충청남도부여군세도면수고리산557번지

거기서 왔다가
다시 돌아가야 하는
내 꿈을 울어

나는 아직도 토종
적갈색 피부가 고운
산꿩

—「산꿩」 전문

이 시와 관련하여 유의해야 할 것은 그의 고향이 "다시 돌아가야 하는 /내 꿈을" 우는 곳이라는 점이다. 이러한 표현은 그의 고향이 지금은 비어 있지만 언젠가는 돌아가야 할 이상의 공간으로 설정되어 있다는 것을 뜻한다. 언젠가는 돌아가야 할 이상의 공간으로 설정되어 있다고 하더라도 일단 고향은 시간적으로 이미 떠나온 공간, 곧 과거의 공간인 것이 사실이다.

이로 미루어 보면 그의 시에 드러나 있는 고향에 대한 향수가 과거의 것, 곧 옛날의 것에 대한 향수와 다르지 않다는 것을 알 수 있다.

그의 시에서 과거의 것, 곧 옛날의 것은 흔히 토착적인 것의 모습을 하고 있다. 이때의 토착적인 것은 조선적인 것, 백제적인 것, 고구려적인 것으로 전이되어 드러나거니와, 이는 모두 과거의 것, 옛날의 것이라는 점에서 서로 친족관계를 갖는다. 그의 시에서 고향의 것, 곧 토착적인 것은 조선적인 것, 백제적인 것과 상호 착종되어 드러나기 일쑤라는 뜻이다. 뿐만 아니라 그의 시에서 고향의 것이나 백제의 것은 때로 충청도의 것으로 나타나기도 한다. 그의 「충청도」 연작시도 이러한 맥락에서 이해할 때 훨씬 쉽게 이해가 된다. "풀이면 뜯고 /넋이면 캐라 //차라리 옥쇄로 남겨 논 /가도 가도 허허로운 /황산벌"(「충청도 · 7」) 등의 구절을 두고 하는 말이다. 이와 관련해 기억해야 할 그의 시는 「조선 호박꽃」이 아닌가 싶다. 이 시가 다름 아닌 과거의 것, 옛날의 것, 토착적인 것을 소재로 다루고 있기 때문이다.

> 하늘로 가고픈 담장을 타고 넝쿨째 기어오르는
> 손바닥만한 잎사귀 사이 조선 호박꽃
>
> 호박꽃이 살짝 부끄러운 끼니 가난을 덜어 주었다.
> 호박꽃이 살짝 새댁의 웅덩이를 들어 올렸다.
> 호박꽃이 살짝 노란 황금의 겨자씨로 여름내 마을을 지켜 주었다.
>
> —「조선 호박꽃」 전문

이 시에는 대상에 대한 시점이 다소 혼재되어 있다. 특히 1연은 객관적 시점에 주관적 시점이 뒤섞여 있어 좀 더 주의를 요한다. 기본적으로는 '조선 호박꽃'의 생태적 현상이 객관적으로 노래되어 있는 것이 1연이다. "담장을 타고 넝쿨째 기어오르는 /손바닥만한 잎사귀 사이"에 피어 있는 "조선 호박꽃"의 생태적 현상이 객관적으로 묘사되어 있는 것이 1연이라는 뜻이다. 물론 "하늘로 가고픈"이라는 주관적 정서가 덧붙여져 있는 것이 1연이기도 하다. 이 시의 시점이 다소 혼란스럽게 받아들여지는 것은 바로 이 때문이다.

2연에는 호박꽃에 대한 시인 조남익의 정서적 반응이 있는 그대로 드러나 있다. 호박꽃이 "가난을 덜어 주었다"는 것을, "새댁의 웅덩이를 들어 올렸다"는 것을, "여름내 마을을 지켜 주었다"는 것을 직접적으로 진술하고 있는 것이 2연의 내용이다. 따라서 이 시의 기본구성에는 전경후정의 원칙이 적절히 변용되어 수용되어 있다고 할 수 있다.

이와 관련해 유의해야 할 것은 호박꽃이라는 이 시의 중심 대상에 '조선'이라는 수식어가 붙어 있다는 점이다. '조선'이라는 수식어는 호박꽃이 미래의 것이 아니라 과거의 것이라는 점을, 다시 말해 전통의 것이라는 점을 말해준다. 그의 시가 지니고 있는 이러한 특징은 다음의 시에 의해서도 충분히 확인이 된다. 다음의 시 또한 그의 시의 토착적 과거지향을 보여주는 대표적인 예이기 때문이다.

장닭이 암탉을 꼴딱 올라타곤 내려왔다.

암탉이 부리로 먹이를 쪼아 먹이는 처마밑

달걀이 굴러가다가도 어딘가 서는 모가 있었다.

―「달걀」 전문

이제는 보기 힘들게 되었지만 1970년대까지만 해도 우리나라의 농촌 도처에서 볼 수 있었던 것이 이 시에 드러나 있는 풍경이다. 산업화 및 정보화가 보편화된 지금에 이르러서는 거의 찾아보기 어려운 것이 이 시와 함께 하고 있는 풍경이라는 것이다. 그렇기는 하더라도 이 시에 함유되어 있는 풍경으로부터 우리 민족의 면면한 역사와 함께 하고 있는 토착적 서정을 발견하기는 어렵지 않다. 이는 단군신화에 의지해 독특한 서정을 얻고 있는 그의 시「한울님과 웅녀」, 오늘도 "웅대한 숨을 쉬고 있는" 배달겨레의 전통과 함께 하고 있는 그의 시「광개토대왕비」 등에 의해서도 잘 알 수 있다. 이들 토착적 서정을 통해 그가 추구하는 것은 말할 것도 없이 우리민족의 역사가 지니고 있는 면면한 이월가치이다. 그의 시와 함께 하고 있는 이 나라 역사의 면면한 이월가치에 대한 관심은 아래의 시에 의해서도 충분히 증명이 된다.

지하수는 살아 있다.
국토 속에서 핏줄처럼 흐른다.
한그루 청정한 나무의 수액으로도
흐르는 지하수

낙뢰 맞아 썩은 고목의 어둠 너머에서
먼동이 트는 새벽을

기다린 사람들이 온다.

—「지하수는 살아 있다」 부분

이 시는 "국토 속에서 핏줄처럼 흐르는 것들", 곧 역사의 면면한 이월가치에 초점이 있다. 상징적으로 말하면 "한그루 청정한 나무의 수액으로도 /흐르는 지하수"에 대한 관심이 노래되어 있는 것이 이 시이다. 때로 그는 자신이 인식하고 있는 역사의 이월가치를 "땅속으로부터 한반도를 출렁이게 하(「참나무 숲」)는 것"이라는 구절로 표현하기도 한다. 말하자면 면면한 역사를 담지하고 있는 것들, 곧 토착적인 것들이면서도 전통적인 것들, 오래된 옛것들의 가치가 줄기차게 노래되어 있는 것이 그의 시라는 뜻이다. 역사의 이월가치에 대한 그의 관심은 그 자신이 역사의 이월가치가 되고자 하는 몇몇 시를 통해서도 익히 확인이 된다. 이 시집의 표제시이기도 한 「광야의 씨앗」 이 바로 그의 그러한 의지를 보여주는 대표적인 예라고 할 수 있다.

눈 덮인 광야로 가서
무명의 몇 톨 씨앗으로 우리 잠들리
조상이 묻힌 땅
거기 또한 나 묻히리, 초목처럼
아닐세. 보이지 않는 진주처럼 파묻히리.
천 년이면 어떤가. 억 년이면 되겠는가.
순환의 계절이 오면, 우리 다시 피어나리.
은행나무 이파리로, 민들레 꽃자루로
하늘거리는 나비로도
바람 타고 흔들리며 피어나리.

어머니의 젖, 대지는 손짓한다.
고고학이 와서
우리 깨울 때까지 깊은 잠에 빠지리.

—「광야의 씨앗」 전문

이 시에는 무엇보다 "눈 덮인 광야로 가서 /무명의 몇 톨 씨앗으로" 파묻히고자 하는 그의 꿈이 담겨 있다. "몇 톨 씨앗으로" 파묻힌 다음 "순환의 계절이 오면" "은행나무 이파리로" "하늘거리는 나비로도" "다시 피어나"고자 하는 그의 희망이 담겨 있는 것이 이 시이다. 이 시에서 그가 "고고학이 와서 /우리 깨울 때까지 깊은 잠에 빠지리"라고 노래하고 있는 것은 바로 이 때문이다. 이 시의 표제시인 「광야의 씨앗」에는 이처럼 "국토 속에서 핏줄"처럼 흐르다가 천 년 만 년 뒤라도 되살아나고자 하는 그의 바람이 담겨 있다는 얘기이다.

이때의 그의 바람은 민족적인 것들, 토착적인 것들, 전통적인 것들과 깊이 연결되어 있다. 물론 이것들은 민족적 시원의 활기를 지니고 있으면서도 면면한 이월가치를 지니고 있는 것들이기도 하다. 또한 그것들은 고향의 것들이면서도 농촌의 것들, 나아가 대지 자연의 것들이지 않을 수 없다. 하지만 여기서 말하는 고향의 것들, 농촌의 것들, 대지 자연의 것들은 지금 이 나라의 어디에서나 지극히 소외되어 있는 것들임에 분명하다. 소외되어 있는 것들이라는 점에서 보면 고향의 것들, 농촌의 것들, 대지 자연의 것들은 곧 서민의 것들, 민중의 것들이기도 하다. 자신의 시에서 그가 다음과 같이 노래하고 있는 것도 실제로는 이러한 바람의 반영이기 십상이다.

쌀이 하하 웃으면
보리는 허허 웃었다
더구나 밀은 흐흐 웃었다

모처럼 고향 가서
논과 밭에 가득 피었을 옛 웃음들을
따라 웃지 못하고

난데없는 농촌의 적막에 놀라

어쩌겠나 털 없는
허수아비 하나 심어놓고 왔다

비어 있는 땅
고조선의 노인이 내려와 논다.

—「고향 가서」 전문

이 시의 주요 대상은 고향이기도 하고 농촌이기도 하다. 이 때의 고향과 농촌은 "난데없는" "적막에 놀라"지 않을 수 없는 땅이기도 하고, 오랫동안 "비어 있는 땅"이기도 하다. 그런가 하면 "쌀이 하하 웃으면 /보리는 허허 웃"는 땅인 이곳은 "고조선의 노인이 내려와" 노는 곳이기도 하다. 고향이기도 하고 농촌이기도 한 이 곳이 "고조선의 노인이 내려와" 노는 곳이라는 발상에는 이곳이 면면한 역사의 현장이라는 뜻이 들어 있다.

그의 시에 이러한 내용이 담겨 있는 것은 무엇보다 대지적 상상력에 상고적 상상력이 중첩되어 있기 때문이다. 그렇다. 그의 시의 도처에서 발견되고 있는 것이 대지적 상상력에 중첩

되어 있는 것이 상고적 상상력이다. 이때의 상고적 상상력은 조선이나 백제, 고구려 등 먼 옛날의 것들에 대한 향수와 함께 하고 있어 특히 주의를 요한다.

나라의 죄에서 빠져나와
상투바람에 고의적삼을 입은 사내.

—「유배지」 부분

그래, 여기가 구드래 나루터지. 낙화암 조금 못 미친 곳, 지금은 舊校里구교리라 부르지만 옛 日本일본이 백제의 호칭으로도 사용할 정도로 호황을 누렸던 久陁羅구다라가 바로 여기지.

—「어젯밤 꿈에는 따오기가 와서」 부분

백마강 구비구비
탯줄을 잡듯
궁남지가 조그만 손바닥을 폈다.

지하에서 연꽃들이 다투어 솟아나와
울부짖는 침묵

—「궁남지에서」 부분

이들 시의 구절들로 미루어 보면 그의 시의 상고적 상상력에는 조선이나 고구려보다 백제가 상대적으로 깊이 작동되고 있음을 알 수 있다. 물론 이는 그의 고향이 백제의 수도였던 부여와 좀 더 가깝기 때문이다. 이처럼 그의 백제에 대한 사랑은 고향에 대한 사랑, 농촌에 대한 사랑과 맞물려 있다. 그러한 가운데에도 그의 시의 상고적 상상력은 역사에 대한 지속적인 관심과 더불어 전개되고 있어 더욱 주목이 된다. 역사에 대한 그의 관심은 '역사'라는 언표가 드러나 있는 시 자체만으로도 잘 알 수 있다. 누구라도 그의 시의 도처에서 쉽게 '역사'라는 언표를 발견할 수 있기 때문이다.

> 역사의 사다리 타고 오르는 아이들
>
> —「아이들」 부분

> 원시림의 깊은 이슬로
> 우린 모두 역사에 편히 잠들고 싶다.
>
> —「역사에 편히 잠들고 싶다」 부분

> 역사의 흰 수염은 어둠속에서 번득이고
> 이름 없는 별들이 순식간에 소지에서 꺼진다.
>
> —「소지를 올리며」 부분

> 역사의 강에
> 곡선으로 떨어진 시간이 잠자고 있었다.
>
> —「소나무에 대하여 · 5」 부분

이들 시에는 명확하게 역사라는 언표가 담겨 있다. 이들 시에 담겨 있는 역사에 대한 그의 관심은 곧바로 나라사랑의 정신, 곧 애국정신과 맞물려 있다. 말하자면 "먹는 것을 하늘로 삼았"던 "민초들의 나라", "달 오르면" "수백 년 묵은 느티나무에 /벙긋한 조국의 꽃이 피는 나라"(「다시 칠백의총」)에 대한 사랑을 담고 있는 것이 역사에 대한 그의 관심이라는 뜻이다.

하지만 역사에 대한 그의 관심과 함께 하고 있는 나라사랑의 정신, 곧 애국정신이 근대에 대한 자각, 나아가 근대극복에의 의지에까지 닿아 있는 것으로 보이지는 않는다. 역사에 대한 그의 관심이 민주주의에 대한 진보적인 자각에까지 이르러 있는지는 잘 모르겠다는 뜻이다. 그렇다고는 하더라도 역사에 대한 그의 관심이 통일된 민족국가에 대한 의지를 바탕으로 하고 있는 것은 분명하다. 그가 자신의 시를 통해 민족화해에의 의지를 담아내고 있는 것은 분명하기 때문이다. 「고구려의 마을」에서 "돌아오는 고향 /무지개 길게 서며 마을을 온통 흥분시켰다"고 하면서도 "어저께까지도 혈투를 벌이던 형제들이 함께 오는 길 /형제의 손은 따뜻했다"(「고구려 마을로 가서」)고 노래하고 있는 것이 그이기 때문이다.

이로 미루어 보면 그의 시에 함유되어 있는 상고적 이상은 자못 명확해진다. 궁극적으로는 "사람이 별"인 세상을 꿈꾸고 있는 것이 그의 시와 함께 하고 있는 상고적 이상이기 때문이다. 그렇다. "별들이 태어나고 죽으며 /거룩한 영원이 빛"나는 것처럼 "사람도 태어나고 죽으며" 거룩한 "영생"을 꿈꾸기 마련이라고 생각하는 것이 그이다. 그의 경우 "태양을 도는 행성의 고유운동 타고" 인간의 "생사"도 "영생을 윤회한다"(「지구의 별」)고 생각한다는 뜻이다.

하지만 정작 그가 선망하고 기대하는 것은 이 세상에 새롭게 태어나는 것들이다. 이 세상에 새로 태어나는 것들 중에서 그가 가장 선망하고 기대하는 것은 사람의 아이들이다. 「아이들」 「황금 햇살」 「아가의 탄생」 등을 통해 그의 이러한 생각은 현현되거니와, 이들 시에서 그가 깨닫는 것은 아이들이 "작은 것, 큰 것 모두 소진되어도 /역사의 사다리 타고 오르는"(「아이들」) 존재라는 점이다. 그가 보기에는 "사뿐 저 높은 하늘나라에서" 온 "언젠가, 다시 하늘나라로 돌아갈" "천손족(天孫族)"(「아가의 탄생」)의 후손이 다름 아닌 아이들인 것이다.

3. 겸손한 주체

이처럼 그는 늘 이 나라 "천손족(天孫族)"의 아이들(아가)을 통해 미래를 선망하고 기대하고 있다. 그가 갓 태어난 아이를 두고 "아기가 울었다 /울음이 헤쳐 간 순리의 길로 /황금 햇살이 확 터졌다"(「황금 햇살」)라고 노래하는 것도 다름 아닌 이 때문이다. 미래를 이렇게 선망하고 기대하는 그가 거만하거나 교만한 자아를 갖고 있을 리 만무하다. 겸손한 주체를 지니고 있으면서 끊임없이 자기를 낮추는 자아를 갖고 있는 것이 그이다. 이는 그가 자신을 "한 평생 봉급쟁이의 /월급봉투 /아이들을 키우며 살아온 뒤웅박"(「뒤웅박 차고」)이라고 인식하고 있는 것만 보더라도 잘 알 수 있다. "시의 분수에서 솟아오르는 /하맑은 우주의 본성 앞에 /누구보다도 겸손하고픈 사람"(「시는 돈을 싫어한다」)이 그라는 것이다. 이처럼 겸손한 자아를 지니고 있는 그가 자기 자신에 대해 "내 몸은 쌀 한 톨일세 /백미도 좋지만 현미는 더 좋으리"(「역사에 편히 잠들고 싶다」)라고 노래하는 것은 지극히 당연하다. 그로서는 늘 "영약처럼 먹고픈 시의 밥"(「시의 밥」)이 되고 싶은 것이다.

이처럼 겸손한 자아를 지니고 있는 그가 되고 싶어 하는 사람은 누구인가. 그의 시로 미루어 보면 그러한 사람은,

때로는 질탕거리며
선악을 허투루 뒤섞어 놓으며

바람의 고개를 넘어가네.

지배 없는 사회
세금을 내어
대통령을 심부름 시키며

근로하며
초목처럼 꼿꼿이 살며
한 씨앗으로 족히 남을 사람

우주의 먼 길을 갈 사람

— 「바람의 고개」 부분

이지 않은가 싶다. 그러한 사람은 "오랜 고향의 묵은 터에 자리 잡아 /착한 욕심만으로 살아가는 사람", "수풀처럼 평범하게 사는 게 좋은"(「맨발의 성자들 — 내 아우에게」) 사람이기도 하다. "많이 가진 것 없고 /특별한 욕망 같은 것 없지만" 늘 "세상을 걱정하는 사람"(「낯익은 사람들」)이 그러한 사람이리라는 것은 불문가지이다. 물론 그가 되고 싶어 하는 사람은 구체적인 현실을 향해 항상 섬세하고 세심한 감각의 안테나를 드리우고 있는 사람이기도 하다. "빠른 발이 달린 뉴스를 타고 /날마다 뉴스를 먹고 사는 사람"(「뉴스의 그림자」) 말이다.

이러한 자아를 꿈꾸는 그가 "민주주의를 혼자 자시는 사람 /간덩이 부어 파쟁을 일삼는 사람"(「접시비행기」)에 대해 비판과 저항의 화살을 날리는 것은 짐짓 있을 수 있는 일이다. "춘궁기의 보리꺼럭"에서 "민란에 봉기한 /민초들의 /창끝"(「보리밭에 대하여」)을 발견하기도 하는 것이 그 아닌가. 이로 미루어 보면 정작 그는 "소금기의 생체 리듬 타고 /출렁이는 사회의 거울"(「소금」)이 되고 싶었는지도 모른다. 따라서 이러한 자아 갖고 있는 시인 조남익에게 경의의 마음을 갖는 것은 일응 자연스러운 일이라고 하지 않을 수 없다.

광야의 씨앗

조남익 시집

발 행 일 | 2012년 11월 26일
지 은 이 | 조남익
발 행 인 | 李憲錫
발 행 처 | 오늘의문학사
출판등록 | 제55호(1993년 6월 23일)

주 소 | 대전광역시 동구 삼성1동 125-6 한밭오피스텔 401호
전화번호 | (042)624-2980
팩시밀리 | (042)628-2983
홈페이지 | http://www.lito77.co.kr(홈페이지)
전자우편 | hs2980@hanmail.net

공 급 처 | 한국출판협동조합
주문전화 | (070)7119-1741~2
팩시밀리 | (031)944-8234~6

ISBN 978-89-5669-530-3
값 10,000원